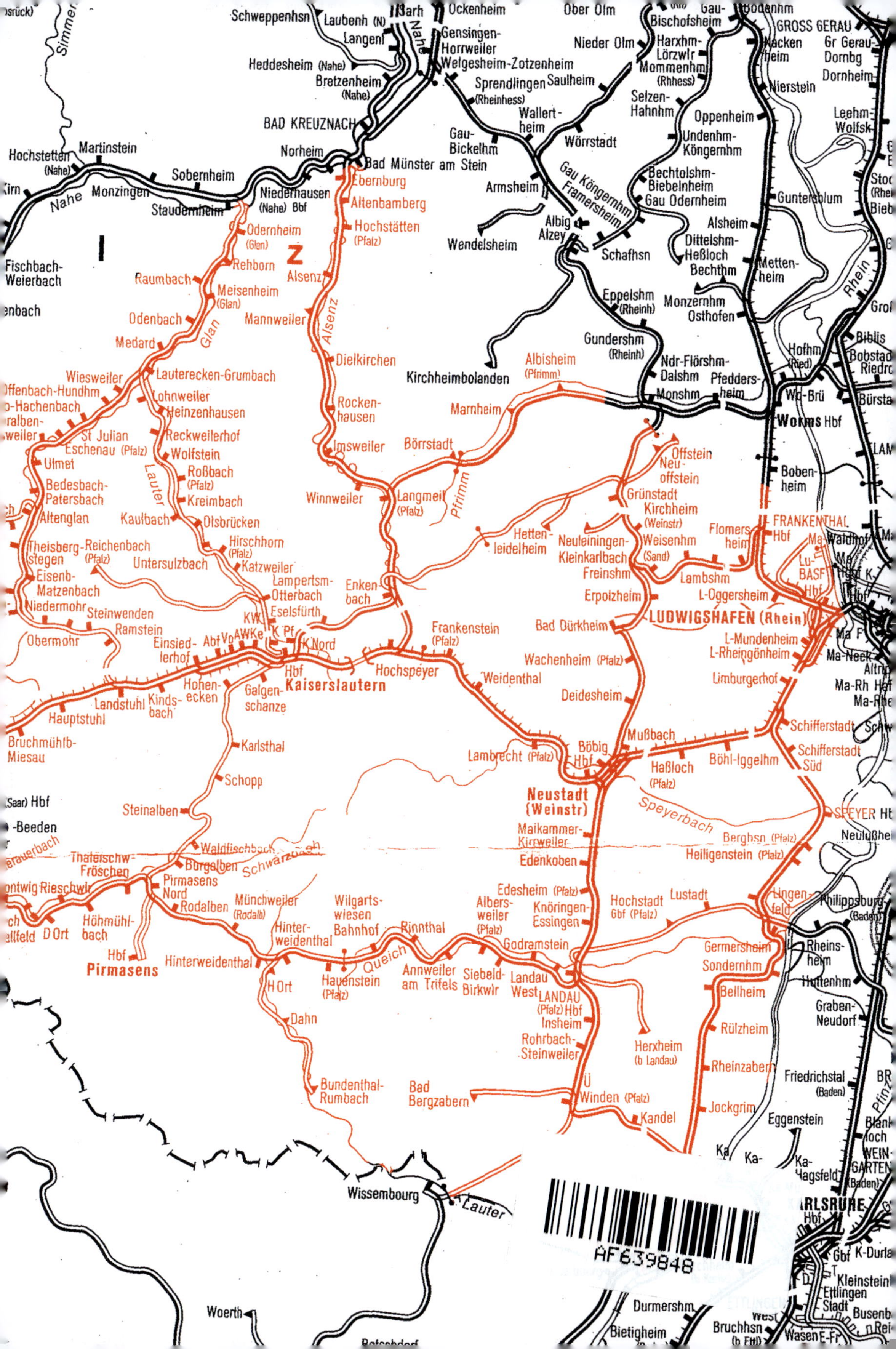

Schweppenhsn
Laubenh (N)
Langenl
Ockenheim
Ober Olm
Gau-Bischofsheim
GROSS GERAU
Gensingen-Horrweiler
Welgesheim-Zotzenheim
Nieder Olm
Harxhm-Lörzwlr
Mommenhm (Rhhess)
Nackenheim
Gr Gerau-Dornbg
Dornheim
Heddesheim (Nahe)
Bretzenheim (Nahe)
Sprendlingen (Rheinhess)
Saulheim
Nierstein
Selzen-Hahnhm
Oppenheim
Nahe
Simmern
BAD KREUZNACH
Wallertheim
Gau-Bickelhm
Wörrstadt
Undenhm-Köngernhm
Leehm-Wolfsk
Hochstetten (Nahe)
Martinstein
Norheim
Bad Münster am Stein
Sobernheim
Monzingen
Niederhausen (Nahe) Bbf
Staudernheim
Ebernburg
Altenbamberg
Hochstätten (Pfalz)
Armsheim
Gau Köngernhm
Framersheim
Bechtolshm-Biebelnheim
Gau Odernheim
Guntersblum
Albig
Alzey
Alsheim
Wendelsheim
Schafhsn
Dittelshm-Heßloch
Bechthm
Mettenheim
Rhein
Odernheim (Glan)
Rehborn
Alsenz
Raumbach
Meisenheim (Glan)
Fischbach-Weierbach
Eppelshm (Rheinh)
Monzernhm
Osthofen
Odenbach
Mannweiler
Medard
Glan
Gundershm (Rheinh)
Hofhm (Ried)
Biblis
Bobstadt
Dielkirchen
Albisheim (Pfrimm)
Ndr-Flörshm-Dalshm
Pfeddersheim
Kirchheimbolanden
Monshm
Wiesweiler
Lauterecken-Grumbach
Offenbach-Hundhm
Lohnweiler
Heinzenhausen
Rockenhausen
Marnheim
Wo-Brü
Worms Hbf
St Julian
Eschenau (Pfalz)
Reckweilerhof
Imsweiler
Börrstadt
Offstein
Ulmet
Wolfstein
Neu-offstein
Bobenheim
Roßbach (Pfalz)
Bedesbach-Patersbach
Lauter
Kreimbach
Winnweiler
Langmeil (Pfalz)
Pfrimm
Grünstadt
Kirchheim (Weinstr)
Altenglan
Kaulbach
Olsbrücken
FRANKENTHAL Hbf
Flomersheim
Theisberg-stegen
Reichenbach (Pfalz)
Hirschhorn (Pfalz)
Hettenleidelheim
Neuleiningen-Kleinkarlbach
Weisenhm (Sand)
Untersulzbach
Katzweiler
Eisenb-Matzenbach
Lampertsm-Otterbach
Enkenbach
Freinshm
Lambshm
Lu-BASF Hbf
Niedermohr
Steinwenden
Eselsfürth
Erpolzheim
L-Oggersheim
LUDWIGSHAFEN (Rhein)
Ramstein
Obermohr
KW
Bad Dürkheim
Einsiedlerhof
Abf
Vo
AWKe
K Pf
K Nord
Frankenstein (Pfalz)
L-Mundenheim
L-Rheingönheim
Wachenheim (Pfalz)
Hbf
Kaiserslautern
Hochspeyer
Hohenecken
Galgenschanze
Landstuhl
Kindsbach
Weidenthal
Limburgerhof
Hauptstuhl
Deidesheim
Bruchmühlb-Miesau
Karlsthal
Mußbach
Schifferstadt
Schifferstadt Süd
Lambrecht (Pfalz)
Böbig
Hbf
Haßloch (Pfalz)
Böhl-Iggelhm
Schopp
Neustadt (Weinstr)
Speyerbach
SPEYER Hbf
Steinalben
Maikammer-Kirrweiler
Berghsn (Pfalz)
Heiligenstein (Pfalz)
Waldfischbach
Thaleischw-Fröschen
Burgalben
Schwarzbach
Edenkoben
Rieschwlr
Pirmasens Nord
Edesheim (Pfalz)
Lustadt
Hochstadt Gbf (Pfalz)
Lingenfeld
Philippsburg (Baden)
Rodalben
Münchweiler (Rodalb)
Wilgartswiesen Bahnhof
Albersweiler (Pfalz)
Knöringen-Essingen
Höhmühlbach
Hinterweidenthal
Rinnthal
Godramstein
Germersheim
Rheinsheim
Hbf
Pirmasens
Hinterweidenthal
Queich
Annweiler am Trifels
Siebeld-Birkwlr
Landau West
LANDAU (Pfalz) Hbf
Sondernhm
Huttenhm
H Ort
Hauenstein (Pfalz)
Bellheim
Graben-Neudorf
Dahn
Insheim
Rohrbach-Steinweiler
Rülzheim
Herxheim (b Landau)
Rheinzabern
Friedrichstal (Baden)
Bundenthal-Rumbach
Bad Bergzabern
Winden (Pfalz)
Jockgrim
Kandel
Eggenstein
Ka-Hagsfeld
WEINGARTEN (Baden)
Wissembourg
Lauter
KARLSRUHE Hbf
K-Durlach
Kleinstein
Ettlingen Stadt
Woerth
Durmershm
Bietigheim
Bruchhsn (b Ettl)
Busenbach
AF639848

Über den Autor

Korbinian Fleischer begeistert sich seit frühester Kindheit für die Eisenbahn. Seit über 20 Jahren ist er in der Museumsbahn-Szene aktiv und schreibt seit mehr als zehn Jahren für unterschiedliche Eisenbahnzeitschriften. Zudem ist er Autor mehrerer Bücher rund um das Thema Eisenbahn, u.a. „Schienenwege einst und jetzt – Die Pfalz“.

Über Rückmeldungen freut sich der Autor immer sehr. Sie erreichen ihn unter der E-Mail-Adresse: korbinian.fleischer@gmx.de

Eisenbahnen in der Pfalz

Der heutige Bahnhof von Ludwigshafen (Rhein) liegt unterhalb der einst hochmodernen Hochstraße West. Die Pylonbrücke ist ein Wahrzeichen Ludwigshafens geworden. Inzwischen machen die Hochstraßen der Stadtverwaltung jedoch viel Ärger: Ein Teil musste abgerissen werden und soll neu entstehen. An anderer Stelle sind Millionenbeträge für die Sanierung erforderlich.

Korbinian Fleischer

Eisenbahnen in der Pfalz

Faszinierende Strecken, außergewöhnliche Züge und bedeutende Bahnhöfe – Von der Dampflokzeit bis heute

SUTTON

Die einst betriebsfähige Museumslok E 91 99 der Deutschen Bahn AG verlässt Mannheim über die Rheinbrücke und wird am anderen Ufer in Ludwigshafen die Pfalz erreichen. Inzwischen ist die Lokomotive nur noch ein rollfähiges Exponat des DB Museums Nürnberg. Die Rheinbrücke wurde mit der Eröffnung der S-Bahn Rhein-Neckar viergleisig ausgebaut.

Einband vorn: Das markante Brückenstellwerk von Neustadt (Weinstraße) ist zwar inzwischen außer Betrieb, wird aber der Nachwelt erhalten.
Vorsatz: Die Karte der Deutschen Bundesbahn zeigt die Strecken der Pfalz im Jahr 1985. Noch werden die Bahnlinien nach Reichenbach (Pfalz), Herxheim (bei Landau) und die heutigen Draisinenbahnen von regulären Zügen bedient.
Seite 5: Mit dem Schnellzug D 91 von Strasbourg nach Wiesbaden über Landau ist am 26. Juni 1963 die 01 090 in Ludwigshafen-Mundenheim zu sehen. Wenige Monate später, am 12. März 1964, ist auch dieser Abschnitt der Pfälzischen Ludwigsbahn elektrisch befahrbar. Im Mai 1967 wird die Lok von der Ausbesserung zurückgestellt und anschließend ausgemustert und verschrottet. Sie war 37 Jahre in Betrieb.
Nachsatz: Das heutige Streckennetz der Regionalzüge in der Pfalz.
Einband hinten: Wer erkennt sie wieder? 23 014 war das Vorbild für das Märklin-Modell der Baureihe 23. Am 5. Oktober 1973 wartet sie in Pirmasens auf die Abfahrt.

Impressum

Sutton Verlag GmbH
Schweickhardtstraße 1
72072 Tübingen
www.suttonverlag.de

ISBN: 978-3-96303-395-7
Printed in Poland by CGS
Gestaltung und Herstellung: Sutton Verlag

In diesem Buch wird aus Gründen der besseren Lesbarkeit das generische Maskulinum verwendet. Weibliche und anderweitige Geschlechteridentitäten werden dabei ausdrücklich mitgemeint, soweit es für die Aussage erforderlich ist.

Inhalt

Einleitung

„Grumbeersupp mit Quetschekuche“ ist neben dem seit Bundeskanzler Helmut Kohl weltbekannten „Pfälzer Saumagen“ eine ganz vorzügliche Spezialität der Pfalz. Die Pfalz ist rustikal und eindeutig abgrenzbar zu den anderen Teilen des heutigen Bundeslandes Rheinland-Pfalz. Doch was hat das alles mit der Eisenbahn zu tun? „Uffbasse“; es folgt ein kleiner Rückblick auf die Entstehung der Eisenbahnen der Pfalz: Als sich Bayern nach der Niederlage Napoleons im Ringen mit Österreich als Kompensation für die verlorenen Gebiete Salzburg, Inn- und Hausruckviertel 1816 die neue Provinz links des Rheins einhandelte, erhielt diese den Namen Pfalz (Bayern). Als Hauptstadt des neuen bayerischen Kreises wurde zunächst Speyer bestimmt. Später wurde es das wirtschaftlich starke Ludwigshafen, das bis heute als „Hauptstadt der Pfalz“ gilt. Mit 5.320 Quadratkilometern bildete die Pfalz um 1816 zwar den kleinsten der bayerischen Kreise, ihre Bevölkerung von 429.625 Einwohnern machte sie jedoch zum am dichtesten bevölkerten Kreis. Die Pfälzer selbst nahmen die Eingliederung in den deutschen Staatenverband mit gewissen Vorbehalten hin, obwohl die bayerische Staatsregierung zu Beginn die fähigsten Beamten in die neue Provinz sandte.

Nachdem 1838 in Speyer die Bayerische Eisenbahngesellschaft der Pfalz/Rheinschanz-Bexbacher Bahn, die spätere Pfälzische Ludwigsbahn, gegründet worden war, erfolgte der Bau in den Jahren 1844 bis 1849. 1850 erreichte man das preußische Neunkirchen und zwei Jahre später Saarbrücken. Bereits 1847 war zeitgleich mit dem Streckenabschnitt Ludwigshafen–Neustadt eine in Schifferstadt abzweigende Stichstrecke nach Speyer entstanden. Eine weitere Stichbahn führte ab 1857 von Homburg nach Zweibrücken. Von dieser aus baute man von 1866 bis 1867 die sogenannte Würzbachbahn nach St. Ingbert. Ebenfalls 1867 erfolgte der Lückenschluss zwischen Ludwigshafen und Mannheim. Als zweite Gesellschaft wurde 1852 die Pfälzische Maximiliansbahn gegründet, die den Bau einer Bahn von Neustadt an der Haardt nach Wissembourg mit Anschluss an das französische Netz betreiben sollte. Diese wurde 1855 eröffnet. Von 1862 bis 1865 entstand in Winden (Pfalz) eine Verbindung ins badische Karlsruhe. Der Rhein wurde zunächst mit Pontonbrücken in Maximiliansau und Speyer überquert. Leider blieb der Nachwelt keine derartige Brücke erhalten.

1851 traten die Eisenbahnen der Pfalz dem Verein Deutscher Eisenbahn-Verwaltungen bei, was bei dem zunehmenden grenzüberschreitenden Verkehr erforderlich wurde. Der Verein förderte die Vereinheitlichung des Wagen- und Lokomotivparks. In der Pfalz betraf dies insbesondere die Puffer und Kupplungen der Fahrzeuge. 1862 wurde die Neustadt-Dürkheimer Eisenbahn-Gesellschaft gegründet, um Dürkheim an das entstehende Eisenbahnnetz anzuschließen. Zuletzt kam 1866 die Gesellschaft der Pfälzischen Nordbahnen hinzu, nachdem zuvor ein 1865 abgeschlossener Staatsvertrag mit Preußen die 1870 und 1871 eröffnete Linienführung von Hochspeyer über Alsenz nach Münster am Stein mit Anschluss an die

Viele stattliche Empfangsgebäude in der Pfalz wurden in den vergangenen Jahren nach teils jahrelangem Siechtum privatisiert und wieder schön restauriert. Ein Beispiel dafür ist das in Neuburg (Rhein). Sie dienen allerdings längst nicht mehr dem Bahnverkehr. Als Bahnreisender vermisst man oft angenehme Wartebereiche, insbesondere in der kalten Jahreszeit.

Bahnstrecke Saarbrücken über Bingen nach Mainz ermöglicht hatte. Bereits zuvor hatten die Nordbahnen 1868 die Bahnstrecke Landstuhl–Kusel zur Erschließung der Steinbrüche im Bereich um Altenglan eröffnet.

So viel zur Geschichte der Eisenbahnen der Pfalz, die von Anbeginn stark bayerisch geprägt waren. Selbst 150 Jahre später ist der bayerische Einfluss auf die Entwicklung und Entstehung der Bahninfrastruktur noch vielerorts deutlich sichtbar. Bis zur Gründung der Deutschen Reichsbahn-Gesellschaft kamen auch die Fahrzeuge größtenteils aus Bayern oder entstanden zumindest nach bayerischen Plänen. Leider blieben nur vereinzelte Waggons und Lokomotiven aus dieser Zeit erhalten. Die bedeutendste Sammlung befindet sich im Eisenbahnmuseum Neustadt (Weinstraße). Dieser geschichtliche Hintergrund ist wichtig für das Verständnis der Entwicklung der Eisenbahnen in der Pfalz und deren Abgrenzung zum Beispiel nach Norden zum Nahetal. Aber dazu mehr in den jeweiligen Kapiteln.

Obwohl mit der Magistrale (Frankfurt–)Mannheim–Saarbrücken(–Paris) eine bedeutende Bahnlinie durch die Pfalz verläuft, liegt der Schwerpunkt des Bahnverkehrs eindeutig beim Regionalverkehr, der mit dem Rheinland-Pfalz-Takt ab den 1990er-Jahren massiv ausgebaut und verbessert wurde. Strecken, die längst ihren Personenverkehr verloren hatten, wurden reaktiviert. Im Gegensatz zu anderen Regionen in Deutschland ist die Pfalz eisenbahntechnisch größtenteils sehr gut erschlossen, was nicht nur Schülern und Berufspendlern zugutekommt. Durch den dichten Taktverkehr, auch am Wochenende, eignet sich die Pfalz perfekt, um sie per Bahn zu erkunden. Ob mit dem Rheinland-Pfalz-Ticket, den günstigen Angeboten der Verkehrsverbünde oder mit dem Deutschland-Ticket: Die Pfalz kann man äußerst bequem, sicher und umweltfreundlich mit der Bahn erkunden. Auch dazu soll dieses Buch anregen.

Seit ein paar Jahren prägen die modernen Dieseltriebwagen der Baureihe 622 das Bild der nicht elektrifizierten Bahnstrecken in der Pfalz. Die Fahrzeuge gehören zur Produktfamilie der LINT-Triebwagen. Das Akronym „LINT" steht für „leichter innovativer Nahverkehrstriebwagen". In der Pfalz lösten sie großflächig Fahrzeuge der Baureihe 628.2 ab, die in den 1980er-Jahren beschafft wurden, nicht barrierefrei waren und durch die fehlende Klimaanlage und eine schlechte Beschleunigung in Erinnerung bleiben.

1

In der Südpfalz

Aus der Zeit der Jahrtausendwende stammen die Triebwagen der Baureihe 643, die ebenfalls noch in der Pfalz angetroffen werden können. Das Foto entstand auf der Bienwaldbahn zwischen Wörth und Lauterburg (Lauterbourg) bei Berg (Pfalz). Gerade wird ein Deichdurchbruch durchfahren, der bei Hochwasser geschlossen werden kann.

Entlang der Bahnstrecke Neustadt–Winden–Wörth–Karlsruhe

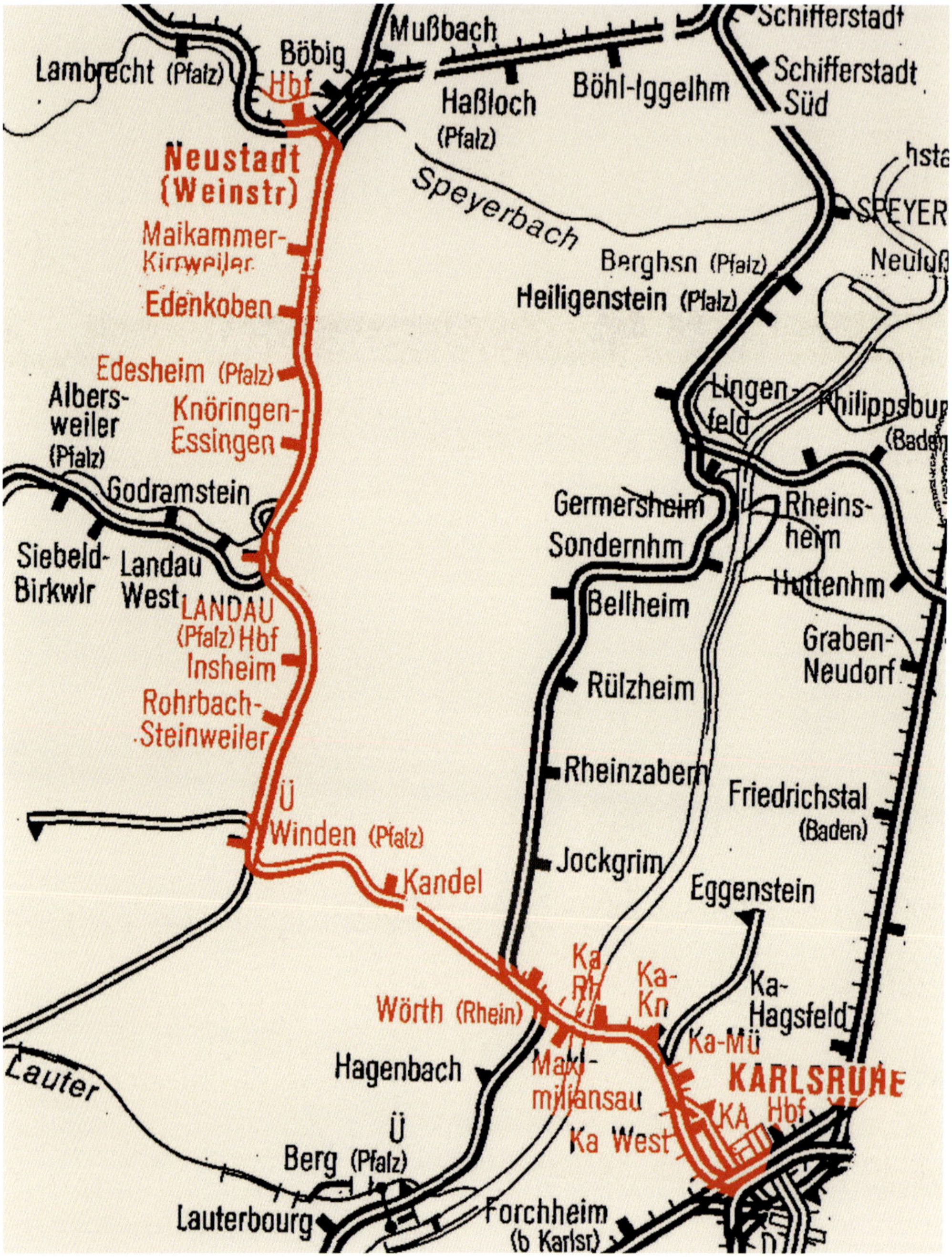

Streckenkarte der Südpfalz aus dem Jahr 1985.

Immer wieder begeistern Plandampfzug-Veranstaltungen zahlreiche Eisenbahnfreunde in der Pfalz. Dabei werden reguläre Nahverkehrszüge durch historische Zuggarnituren ersetzt. Bis auf wenige Ausnahmen können von den bis zu 100 Jahre alten Maschinen die Fahrpläne von heute sogar eingehalten werden.

Die historische Aufnahme aus den 1950er-Jahren zeigt den Bahnhof Edenkoben zwischen Neustadt und Landau mit einem durchfahrenden Eilzug Richtung Karlsruhe. Während das dritte Gleis inzwischen abgebaut wurde, bekam der Stahlhändler ArcelorMittal SSC Deutschland GmbH einen Gleisanschluss.

Weiter südlich, zwischen Winden und Wörth, befindet sich der Bahnhof Kandel. Die lokbespannten Nahverkehrszüge sind inzwischen Vergangenheit. Die Aufnahme entstand im Jahr 2011 und zeigt außerdem noch Formsignale, die in der Pfalz zunehmend weniger werden.

Wenige Kilometer östlich, am Haltepunkt Wörth West gehören die Formsignale schon der Vergangenheit an. 2022 wurden sie durch moderne KS-Signale (Kombinationssignale) ersetzt. Diese können vom elektronischen Stellwerk in Wörth ferngesteuert werden. 2017 war das mechanische Vorsignal noch in Betrieb.

Südpfalz-Draisinenbahn

Ein Teilstück der Verbindungsbahn zwischen Germersheim und Landau wird aktuell von der Südpfalz-Draisinenbahn genutzt. Die Reaktivierung der Bahnstrecke für den regulären Zugverkehr ist jedoch in Vorbereitung.

Um Bahnübergänge (BÜ) gefahrlos mit den Draisinen kreuzen zu können, befinden sich dort Schranken, die den Zugverkehr zunächst stoppen. Im Gegensatz zu Zügen haben die Draisinen keine Vorfahrt gegenüber dem Straßenverkehr.

Die Bienwaldbahn zwischen Wörth und Lauterburg

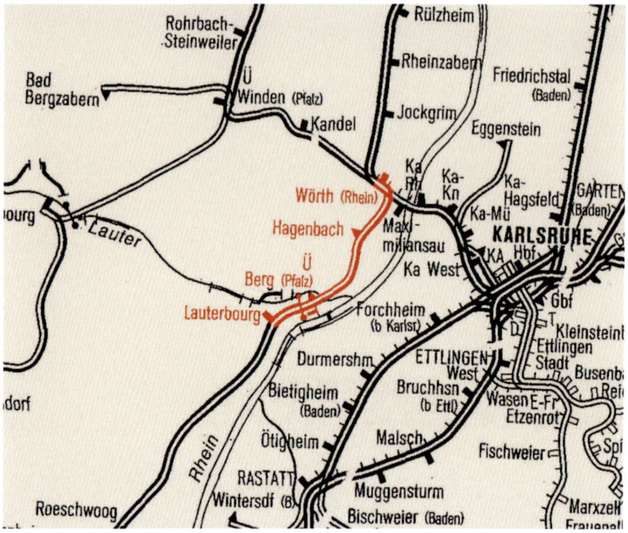

Streckenkarte der Deutschen Bundesbahn von 1985.

27 Lokomotiven der preußischen Baureihe T 18 (spätere Baureihe 78) wurden zwischen 1915 und 1918 auch an die Reichseisenbahnen Elsass-Lothringen (EL) geliefert. Die 78 224, hier mit einem Nahverkehrszug in Berg (Pfalz), wurde jedoch erst 1921 an die Deutsche Reichsbahn-Gesellschaft ausgeliefert, als das Elsass bereits zu Frankreich gehörte.

◂ Einst gehörte die Bienwaldbahn zum europäischen Fernverkehrsnetz. Als das Elsass zu Frankreich kam, verlor die Strecke jedoch an Bedeutung. 1984 wurde der restliche Personenverkehr eingestellt, aber bereits 2002 wieder reaktiviert. In Lauterburg (Lauterbourg) besteht Anschluss nach Straßburg (Strasbourg). Das Foto stammt aus dem Jahr 2017.

Die Bahnstrecke Wörth–Germersheim

Streckenkarte der Deutschen Bundesbahn von 1985.

Im Rahmen einer kleinen Feierstunde wurde 2016 in Rülzheim der neue Fahrausweis „Ticketplus Alsace“ präsentiert. Für Bahnfahrten von der Pfalz oder Baden-Württemberg ins Elsass war vorher ein einschlägiges Tarifstudium erforderlich. Werner Schreiner (3.v.r.) ist es zu verdanken, dass dies in den vergangenen Jahren deutlich einfacher möglich ist.

Im Jahr 2005 war die Bahnstrecke zwischen Wörth und Germersheim noch fest in der Hand der Dieseltriebwagen der Baureihe 628.2. Das Foto entstand im Bahnhof Wörth (Rhein). Inzwischen ist die Strecke elektrifiziert und es verkehren Stadtbahn-Triebwagen der Albtal-Verkehrsgesellschaft.

Die Bahnstrecke Winden–Weißenburg

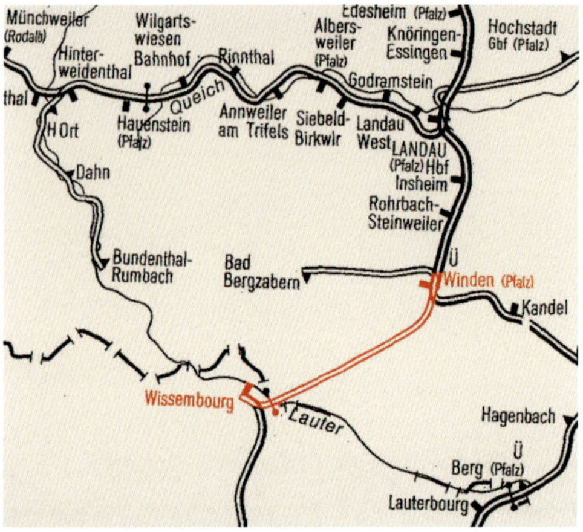

Streckenkarte der Deutschen Bundesbahn von 1985.

2017 ist bei Schaidt (Pfalz) eine Regionalbahn auf dem Weg nach Weißenburg (Wissembourg). Wie auf der benachbarten Bienwaldbahn wurde auch auf dieser Strecke der Personenverkehr eingestellt. Seit 1997 verkehren wieder Züge, die insbesondere am Wochenende stark ausgelastet sind. Güterverkehr findet dort leider nicht mehr statt.

Zuckerrüben waren über Jahrzehnte ein wichtiges Transportgut für die Bahn. Erst in den 1990er-Jahren erfolgte die komplette Umstellung auf den Lkw-Transport und damit verbunden der Rückbau der Nebengleise und Verladeeinrichtungen an den Bahnhöfen. Die Aufnahme entstand in den 1960er-Jahren am Bahnhof Schaidt (Pfalz) an der Strecke von Winden nach Weißenburg (Wissembourg).

In Weißenburg (Wissembourg) treffen DB und die französische Staatsbahn SNCF aufeinander. Deutlich ist sichtbar, dass zur Zeit des Bahnbaus der Bahnhof kein Grenzbahnhof war. Der französische Triebwagen hat einen diesel-elektrischen Antrieb und kann auf elektrifizierten Strecken seine Energie von der Oberleitung entnehmen.

Die Bahnstrecke Winden–Bad Bergzabern

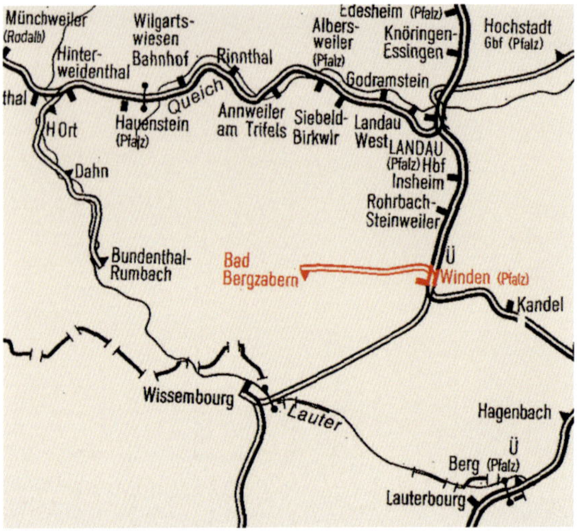

Streckenkarte der Deutschen Bundesbahn von 1985.

Der Endbahnhof Bad Bergzabern verfügt über einen optimalen Übergang zwischen Bus und Bahn. Auch wenn die Gleisanlagen stark reduziert wurden, so sind dort immer noch Sonder- und Verstärkungszüge möglich. Das Foto zeigt einen Triebwagen der Baureihe 643 im Jahr 2017.

Mit den Schienenbussen der Baureihe VT 95 (spätere 795) begann die DB den Betrieb auf Stichstrecken wirtschaftlicher zu gestalten. Trotzdem wurde der Personenverkehr 1981 nach Bad Bergzabern eingestellt und erst 1995 reaktiviert. Typisch für die Eisenbahn in der Pfalz war die angeschriebene Fahrzeugnummer an der Front der Schienenbusse.

Als Nachfolger der Schienenbusse kamen ab Ende der 1980er-Jahre verstärkt die modernen Triebwagen der Baureihe 628.2 und 628.4 zum Einsatz. Im Rheinland-Pfalz-Takt waren die Fahrzeuge das Symbol der „neuen Bahn". Inzwischen sind sie jedoch deutschlandweit größtenteils ausgemustert. Neue Einsatzgebiete fanden die bewährten Dieseltriebwagen in Tschechien. In der Pfalz findet man sie 2023 noch regelmäßig zwischen Wörth und Lauterburg (Lauterbourg) und zwischen Kaiserslautern und Lauterecken-Grumbach.

2

Im Pfälzerwald

Mit dem Schnellzug D 614 ist die Dampflok 03 275 in Neustadt (Weinstraße) ausgefahren. Das Foto entstand 1960. Vier Jahre später konnten die Züge zwischen Ludwigshafen und Saarbrücken bereits elektrisch verkehren. Die vielen Tunnelabschnitte erschwerten die Elektrifizierung der Hauptstrecke durch den Pfälzerwald.

Die Pfälzische Ludwigsbahn im Abschnitt Neustadt–Homburg

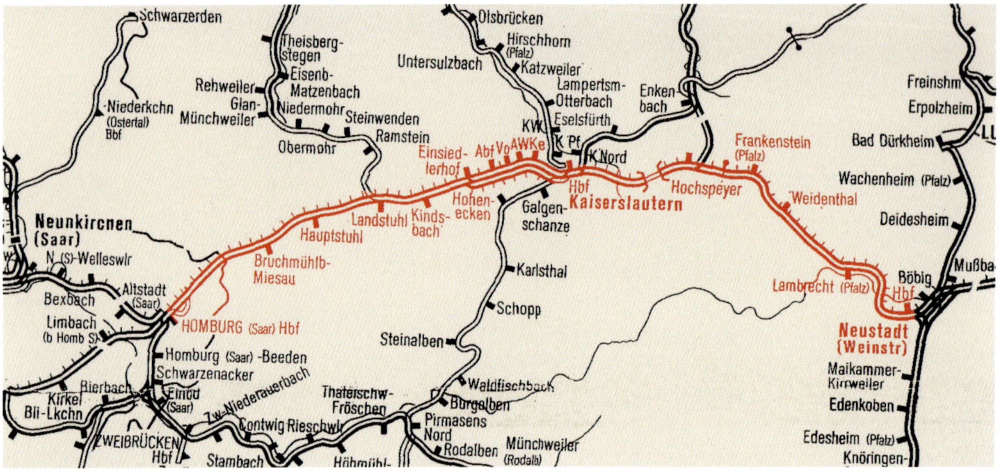

Streckenkarte der Deutschen Bundesbahn von 1985.

Seit 2007 verkehren durch den Pfälzerwald ICE- und TGV-Züge. Sie stellen eine Direktverbindung zwischen Paris und Frankfurt her. Das Foto entstand 2017 in Neustadt (Weinstraße). Nur wenige Bahnübergänge konnten bis heute nicht durch Brücken oder Unterführungen ersetzt werden.

Internationale Bedeutung hat die Hauptbahn auch für den Güterverkehr. Weil die Strecke inzwischen auch von der S-Bahn Rhein-Neckar im Taktverkehr befahren wird, sind die Kapazitäten stark beschränkt. Das Foto entstand 2017 im Bahnhof Frankenstein (Pfalz).

Vorbildcharakter für andere Regionen hat das System des „Süwex" (Südwest-Express). Das Netz besteht aus fünf Linien und wird mit komfortablen Fahrzeugen der Stadler-Flirt-Familie betrieben. DB Regio führt die Verkehre im Auftrag der Bundesländer Baden-Württemberg, Rheinland-Pfalz, Saarland und Hessen durch. In Deutschland sind die Bundesländer für den Schienennahverkehr zuständig. Ein gemeinsames Projekt wie der „Süwex" hat daher Seltenheitswert.

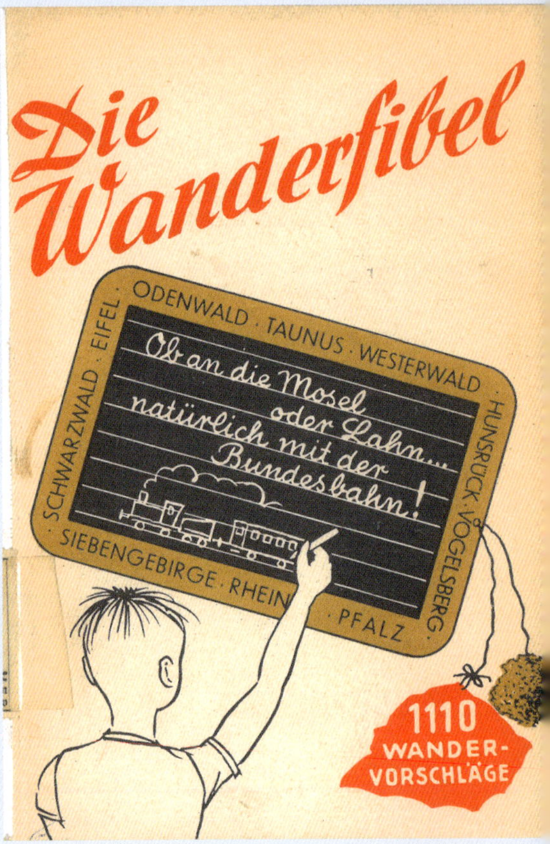

Schon in den 1960er- und 70er-Jahren sah die Deutsche Bundesbahn das große Potential der Tagesausflügler für die Auslastung ihrer Züge insbesondere an Wochenenden ohne den Berufs- und Schülerverkehr. So wurden schöne Wandervorschläge in der Wanderfibel beworben, die es übrigens fast flächendeckend für West-Deutschland gab. Mit der Stilllegung zahlreicher Bahnstrecken bzw. der Einstellung der Wochenendverkehre insbesondere in landschaftlich attraktiven Regionen verschwanden zahlreiche Tourenvorschläge aus der mehrfach aufgelegten Fibel, bis diese ganz eingestellt wurde. Erst mit der Regionalisierung des Schienenpersonennahverkehrs wurden stillgelegte Strecken reaktiviert und Wochenendverkehre wieder aufgenommen, teilweise sogar im dichten Taktverkehr wie an Werktagen.

Der französische Hochgeschwindigkeitszug TGV in der Pfalz

Seit 1981 verkehren die TGV-Züge in Frankreich, zehn Jahre früher als der deutsche ICE, der erst 1991 den Betrieb aufnahm. Es dauerte allerdings noch bis 2007, ehe im vereinten Europa grenzüberschreitende Verbindungen mit Hochgeschwindigkeitszügen aufgenommen wurden. Der deutsche Südwesten wird inzwischen mit TGV-Euroduplex-Zügen erreicht. Während die Züge in Frankreich mit bis zu 300 km/h verkehren, ähnelt die Fahrt durch den Pfälzerwald eher einer Bummelzugfahrt. Trotz dieser Einschränkung sind die Züge sehr gut ausgelastet und stellen eine willkommene Alternative zum Flugzeug dar.

Das Eisenbahnmuseum Neustadt

Das Eisenbahnmuseum Neustadt liegt gegenüber dem Bahnhof Neustadt (Weinstraße). Es ist einer der beiden Standorte der Deutschen Gesellschaft für Eisenbahngeschichte e.V. (DGEG). Er ist stilgerecht im Lokschuppen, einem Gebäude aus der unmittelbaren Anfangszeit der Eisenbahn, untergebracht. Dieser Lokschuppen wurde damals von der Pfalzbahn gebaut und befindet sich weitgehend im Originalzustand. Während im Museum in Bochum-Dahlhausen vorwiegend preußische Exponate zu sehen sind, bilden in Neustadt Fahrzeuge der ehemaligen süddeutschen Länderbahnen den Schwerpunkt. So werden dort die beiden letzten noch im Original erhaltenen Dampflokomotiven aus der Pfalzbahnzeit ausgestellt, nämlich die pfälzische T 1 „Schaidt" und eine pfälzische T 5. Daneben ist ein Nachbau einer Schnellzuglokomotive „Die Pfalz" aus der Eisenbahnfrühzeit, Bauart Crampton, zu sehen. Diese und andere Ausstellungsstücke, wie der „Berg" (Foto) oder der Triebwerkstorso der PtL 2/2, sind einmalige Raritäten. Die Sammlung wäre jedoch ohne Fahrzeuge aus der Zeit der Deutschen Reichsbahn unvollständig. Informationen zum Museum findet man unter: www.eisenbahnmuseum-neustadt.de

Die Schnelltriebwagen der Baureihe ET 11 waren die ersten elektrischen Schnelltriebwagen der Deutschen Reichsbahn vor dem Zweiten Weltkrieg. Es wurden drei unterschiedliche Fahrzeuge für Erprobungen beschafft. Der in Neustadt ausgestellte Triebwagen wurde bereits 1961 ausgemustert, als bei der Bundesbahn ausreichend Neubauten vorhanden waren. Die beiden anderen Fahrzeuge wurden verschrottet. Seit 1971 befindet sich das Fahrzeug im Eigentum der DGEG.

Die Museumsbahn „Kuckucksbähnel"

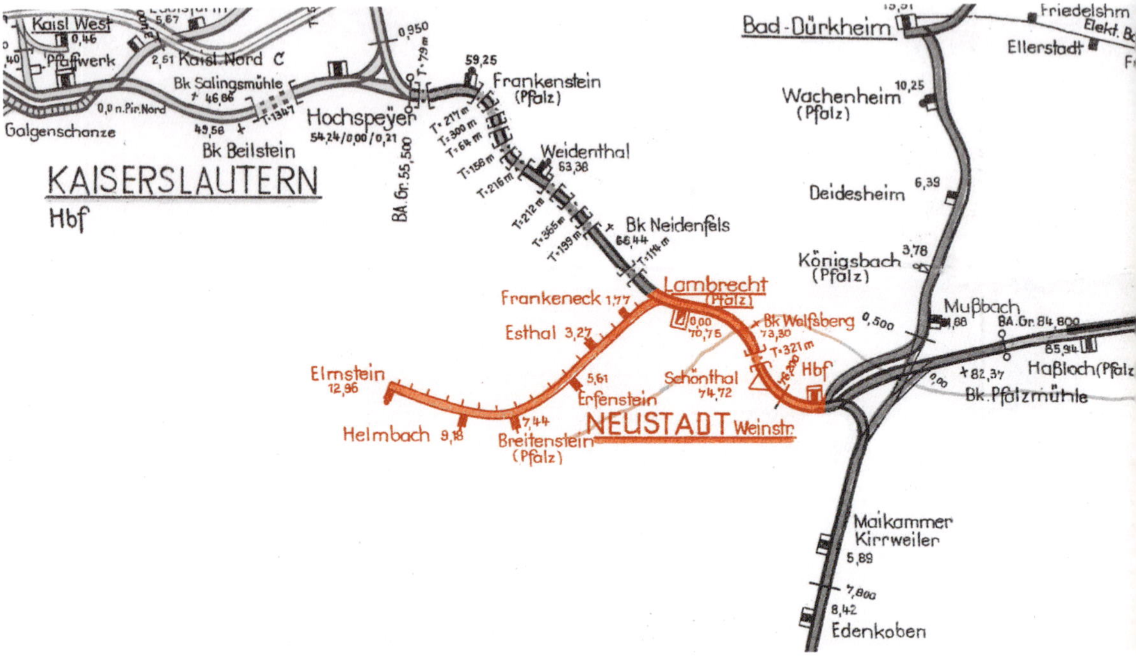

Streckenkarte der Deutschen Bundesbahn von 1956.

Bei der beliebten Museumsbahn sind viele württembergische „Bretterwagen" im Einsatz. Die Fahrzeuge sind ein Alleinstellungsmerkmal und befinden sich in einem ausgezeichneten Originalzustand. Dies betrifft auch die Inneneinrichtung mit Holzbänken.

◂ Eine besondere Attraktion ist die Mitfahrt im Dampfzug „Kuckucksbähnel" zwischen Neustadt (Weinstraße) und Elmstein. Bei den historischen Waggons lassen sich die Fenster öffnen und auch der Aufenthalt auf den Plattformen ist zwischen Lambrecht und Elmstein erlaubt.

Eine traditionelle Veranstaltung beim „Kuckucksbähnel" ist der Nikolausdampf. 2016 war noch die Lok Speyerbach im Einsatz, die 2023 mit Fristablauf abgestellt ist. Die Lok von 1904, die erst bei der Museumsbahn einen Tender bekam, soll aber wieder betriebsfähig aufgearbeitet werden.

Noch nicht lange im Einsatz ist die Dampflok 378.78, die von der südbadischen Museumsbahn Kandertalbahn erworben werden konnte. Ursprünglich stammt die 1927 gebaute Maschine aus Österreich. Später war sie beim Verein Eurovapor unter anderem auf der bekannten Sauschwänzlebahn im Einsatz. ▸

Im Endbahnhof Elmstein hat der Zug einen längeren Aufenthalt, der für Ausflüge oder eine Einkehr genutzt werden kann. Dort hat man auch die Gelegenheit, die Fahrzeuge zu begutachten. Die Dampflok wird in Elmstein mit den Betriebsmitteln Wasser und Kohle versorgt.

Die Biebermühlbahn Kaiserslautern–Pirmasens

Streckenkarte der Deutschen Bundesbahn von 1985.

Zwischen dem Bahnhof Biebermühle (heute Pirmasens Nord) und Pirmasens Hbf wurde 1939 ein zweites Streckengleis in Betrieb genommen, das noch heute genutzt wird. Die alte, abweichende Trasse war betrieblich eine Herausforderung und diente fortan als Richtungsgleis talabwärts. 2023 ist nur noch die neue Strecke in Betrieb.

◂ Zwischen Kaiserslautern und Pirmasens verkehren hauptsächlich Dieseltriebwagen der Baureihe 642. Die bewährten Fahrzeuge aus dem Siemens-Konzern haben inzwischen alle Kinderkrankheiten abgestreift. Vor Jahren sprach man noch von einem „Bananentriebwagen", frei nach dem Motto: „Produkt reift beim Kunden". Das Foto entstand 2017 bei Hohenecken.

Die Queichtalbahn Pirmasens Nord–Landau als Abschnitt der Südpfalzbahn

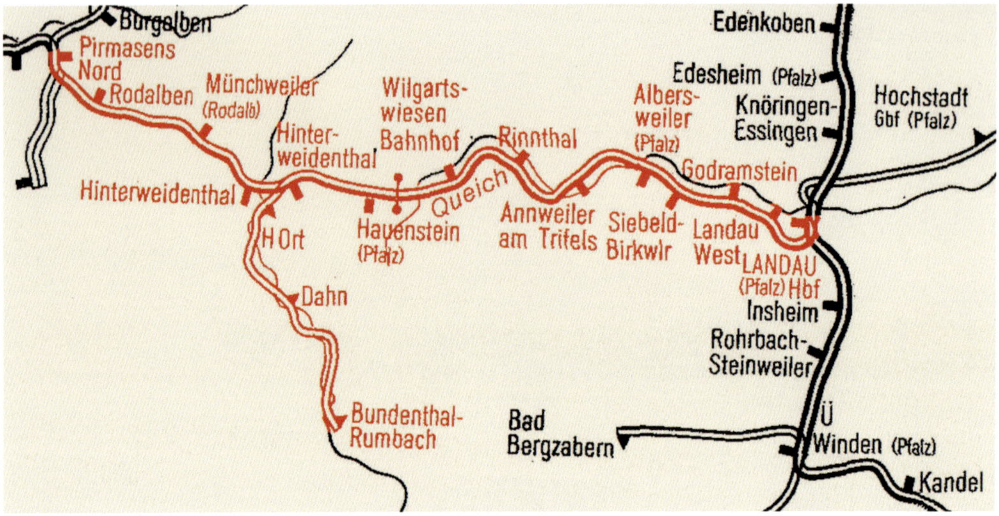

Streckenkarte der Deutschen Bundesbahn von 1985.

Bei Landau West ist der Lichtraummesszug LIMEZ III in Richtung Landau (Pfalz) Hbf unterwegs. Der LIMEZ III misst mit bis zu 100 km/h. Zwei Laserscanner vorne am Zug sind das Kernstück des Messsystems. Das Messsystem erfasst 550 Profile pro Sekunde und ermittelt dabei 3.600 Abstandswerte pro Profil.

◂ Die Südpfalzbahn Landau–Rohrbach ist eine 92 Kilometer lange Hauptbahn. Sie entstand zwischen 1857 und 1895. Einst war sie eine wichtige Strecke mit Güter- und Fernverkehr. Seit Ende der 1980er-Jahre verkehren allerdings nur noch Nahverkehrszüge. Das Foto entstand 2017 in Wilgartswiesen.

Der Bundenthäler – unterwegs auf der Bahnstrecke Hinterweidenthal–Bundenthal-Rumbach

Der Personenverkehr auf der Wieslauterbahn zwischen Hinterweidenthal und Bundenthal-Rumbach wurde schon 1966 eingestellt. Seit 1997 verkehren wieder Ausflugszüge, teils mit besonderen Fahrzeugen. 2018 war der Schienenbus der Pfalzbahn Eisenbahnbetriebsgesellschaft mbH mit Lokführer und Geschäftsführer Klaus Ulshöfer in Busenberg-Schindhard anzutreffen.

Viele Jahre wurde der Touristikverkehr mit dem historischen Esslinger Triebwagen der Albtal-Verkehrsgesellschaft (AVG) durchgeführt. Leider erlitt das Fahrzeug einen kapitalen Schaden und wurde inzwischen als Denkmal in Busenberg-Schindhard aufgestellt. Infos: www.ferienbahnhof-reichenbach.de

Von einem Felsen oberhalb von Dahn hat man eine schöne Aussicht auf den Ort und den Bahnhof. Der VT 452 der AVG war 2017 noch auf der Wieslauterbahn im Einsatz. Inzwischen verkehren dort in der Sommersaison hauptsächlich moderne Dieseltriebwagen der DB Regio AG.

Eichbaum
Biere
GASTHAUS WICK

Die Schwarzbachtalbahn Pirmasens Nord–Zweibrücken als Abschnitt der Südpfalzbahn

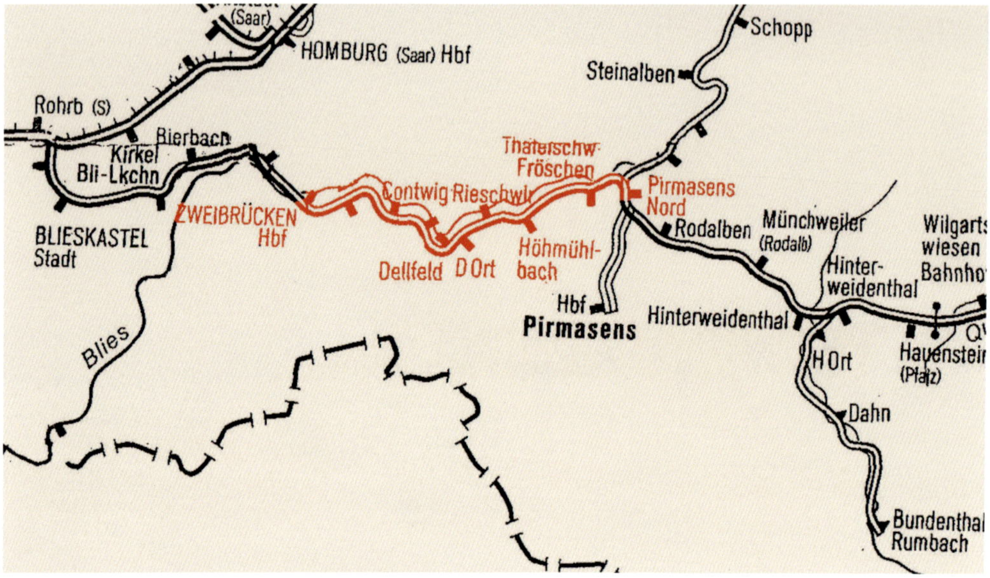

Streckenkarte der Deutschen Bundesbahn von 1985.

Letzter Bahnhof der Südpfalzbahn in der Pfalz ist der Hauptbahnhof Zweibrücken. Gerade drei Gleise blieben von den einst umfangreichen Gleisanlagen erhalten. Die „Verkehrswende" ist mit einer radikal verkleinerten Infrastruktur unmöglich, da nicht einmal ein Güter- oder Sonderzug eingelegt werden kann, ohne einen anderen Zug ausfallen lassen zu müssen.

◂ 1978 ist die Schwarzbachtalbahn zwischen Pirmasens Nord und Zweibrücken noch fest in Hand der roten Schienenbusse der Baureihe 798. Die „Retter der Nebenbahnen" waren auch auf schwach frequentierten Hauptstrecken bei der Deutschen Bahn AG bis ins Jahr 2000 im Einsatz. Das Foto entstand in Contwig.

Die Verbindungsstrecke Kaiserslautern–Enkenbach

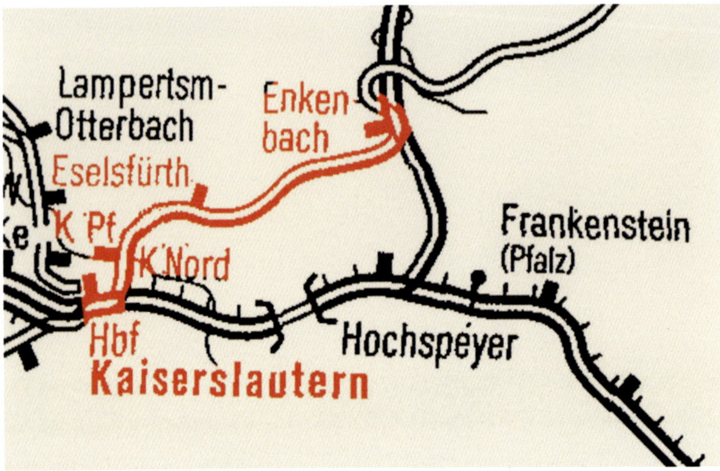

Streckenkarte der Deutschen Bundesbahn von 1985.

1987 wurde der Personenverkehr zwischen Enkenbach und Kaiserslautern eingestellt. Militärische Aspekte verhinderten eine Gesamtstilllegung. Zehn Jahre später erfolgte die Reaktivierung der Direktverbindung zwischen der Alsenztalbahn und Kaiserslautern. Den Zügen erspart die Strecke den Umweg über Hochspeyer.

Trotz Reaktivierung der Verbindungsstrecke gibt es keinen Halt zwischen Enkenbach und Kaiserslautern. Der Bahnhof Eselsfürth (Foto) wird seit der Reaktivierung ohne Halt durchfahren. Die Natur hat sich sämtliche stillgelegte Nebengleise zurückgeholt.

Die Eistalbahn Enkenbach–Grünstadt

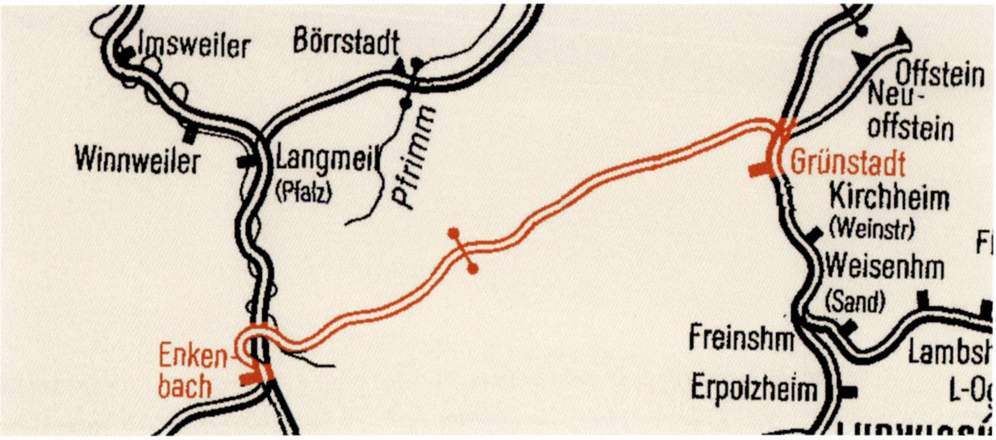

Streckenkarte der Deutschen Bundesbahn von 1985.

Endpunkt der modernen Dieseltriebwagen aus Grünstadt ist heute die Station Eiswoog, die an Sonn- und Feiertagen sowie samstags und mittwochs angefahren wird. An allen anderen Tagen enden die Züge bereits einen Bahnhof zuvor, in Ramsen. Um die weitere Strecke ab dem heutigen Haltepunkt Eiswoog bis Enkenbach geht es im nächsten Kapitel.

◂ Bis Mitte der 1970er-Jahre waren die Dampfloks der Baureihe 23 noch regelmäßig in Enkenbach anzutreffen. Der Reisekomfort in den beiden Pärchen dreiachsiger Umbauwagen war allerdings nicht mehr zeitgemäß, sodass die Eisenbahn viele Fahrgäste an den Individualverkehr verlor.

„Lost Trains" in der Pfalz

Das Eiswoogviadukt wird 2023 nicht mehr befahren. Unter dem Sammelbegriff „lost" wie verloren, vergessen werden in den letzten Jahren stillgelegte Industrieanlagen, Hotels, Krankenhäuser, Bergwerke, aber auch Bahnstrecken und Fahrzeuge zusammengefasst. Im Internet gibt es zahlreiche Seiten zu diesem Thema. „Lost Trains" gab es bis Mitte der 1980er-Jahre kaum oder nur in Form von abgestellten Eisenbahnfahrzeugen. Stillgelegte Bahnstrecken wurden von der Deutschen Bundesbahn im Westen bzw. der Deutschen Reichsbahn im Osten schnell für eine Nachnutzung freigegeben, indem die Schienen, Gebäude und der gesamte Oberbau entfernt wurden. In der BRD entstanden auf den alten Bahntrassen oftmals Radwege, während in der DDR das Gelände meist landwirtschaftlich genutzt wurde.

Ab den 1990er-Jahren wurden stillgelegte Bahnstrecken erstmals nicht mehr direkt nach dem letzten Zug abgebaut. Richtige „Abbauzüge", die die Gleise in einem Arbeitsvorgang mitnehmen, sind verschwunden. Doch in manchen Regionen legt man Wert darauf, dass die Bahninfrastruktur zumindest im stillgelegten Zustand erhalten bleibt. Oftmals ist das Gelände dann noch Eisenbahnbetriebszwecken gewidmet und kann im Fall einer gewünschten Wiederinbetriebnahme reaktiviert werden. Nebenbei wird die Bahntrasse auch nicht mit Häusern und Umgehungsstraßen überplant, wenn die Gleise noch vorhanden sind.

In der Pfalz gibt es nicht mehr viele stillgelegte Bahntrassen, wo die Gleise noch vorhanden sind. Ein Teil der Strecken wurde bereits reaktiviert, teils als Draisinenstrecke oder für den regulären Bahnverkehr. So auch der erste Teil unserer Bahnstrecke von Grünstadt bis zum neuen Haltepunkt Eiswoog. Doch zwischen Eiswoog und Enkenbach blieb alles im alten

Der 483 Meter lange Stempelkopftunnel und das Eiswoogviadukt sind derzeit ungenutzt. Die Fotos entstanden 2022.

Zustand. Wer einmal eine außergewöhnliche Wanderung, auch mit Kindern, unternehmen möchte, sollte diese neun Kilometer lange Strecke besuchen. Während das Eiswoogviadukt abgesperrt ist, kann der 483 Meter lange Stempelkopftunnel ohne Hindernisse durchquert werden. Eine Taschenlampe ist dafür sehr empfehlenswert. Die letzten drei Kilometer vor Enkenbach ist die Bahntrasse zu Fuß nicht mehr zu passieren, weil Brombeeren und Co. die Fläche für sich beansprucht haben. Parallele Feldwege führen aber auch zum Ziel.

Unterwegs auf Feldbahngleisen

Der Haltepunkt Ramsen-Eiswoog liegt mitten im Wald in Halbhöhenlage. Ein Fußweg führt von dort ins Tal zum Ausgangspunkt der Stumpfwaldbahn. An der Talsohle angekommen, befinden wir uns direkt unter dem stillgelegten Eiswoogviadukt neben dem 2,7 Hektar großen Stausee, der touristisch genutzt wird. Die Stumpfwaldbahn hält als „rollendes Museum" die Geschichte der schmalspurigen Feldbahnen in den Ton- und Klebsandgruben des Eisenberger Beckens am Leben. Der Verein Stumpfwaldbahn unterhält zahlreiches, historisches Material (Lokomotiven, Loren und Gleisanlagen), von dem ein Großteil aus den nahen Ton- und Klebsandgruben stammt. Auf der 3,5 Kilometer langen Gleisstrecke kann die Technik während der Betriebstage im wahrsten Sinne des Wortes „erfahren" werden. Die Züge verkehren im Stundentakt, die Fahrzeit beträgt ca. 45 Minuten.

Insbesondere beim Einsatz der Dampflok ist die Fahrt über die Waldbahngleise der Stumpfwaldbahn ein besonderes Erlebnis. Die Bahn verkehrt parallel zur DB-Strecke zwischen dem Eiswoogviadukt und Ramsen auf öffentlichen Feldwegen.

Am Endpunkt der schmalspurigen Stumpfwaldbahn in Ramsen befindet sich die Werkstatt und Fahrzeughalle des Vereins. Wer an den Betriebstagen einen Blick hinter die Kulissen werfen möchte, sollte das Zugpersonal fragen, ob dies möglich ist. Infos zu den Betriebstagen findet man unter www.stumpfwaldbahn.de

Das betriebliche Zentrum der Stumpfwaldbahn ist der Bahnhof Eiswoog unterhalb des großen Eiswoogviadukts. Dort befinden sich ein kleiner Fahrzeugschuppen sowie Wartungsanlagen für die Fahrzeuge. Dort beginnen die Fahrten mit der Feldbahn.

3

Unterwegs im Westrich

Ein touristischer Höhepunkt ist die Draisinenbahn auf den Gleisen der Glantalbahn zwischen Altenglan und Staudernheim. Auf 40 Kilometern kann man dort das Tal mit Draisinen erkunden. Kürzere Strecken und Pausen sind natürlich auch möglich.

Die Alsenztalbahn Hochspeyer–Bad Kreuznach

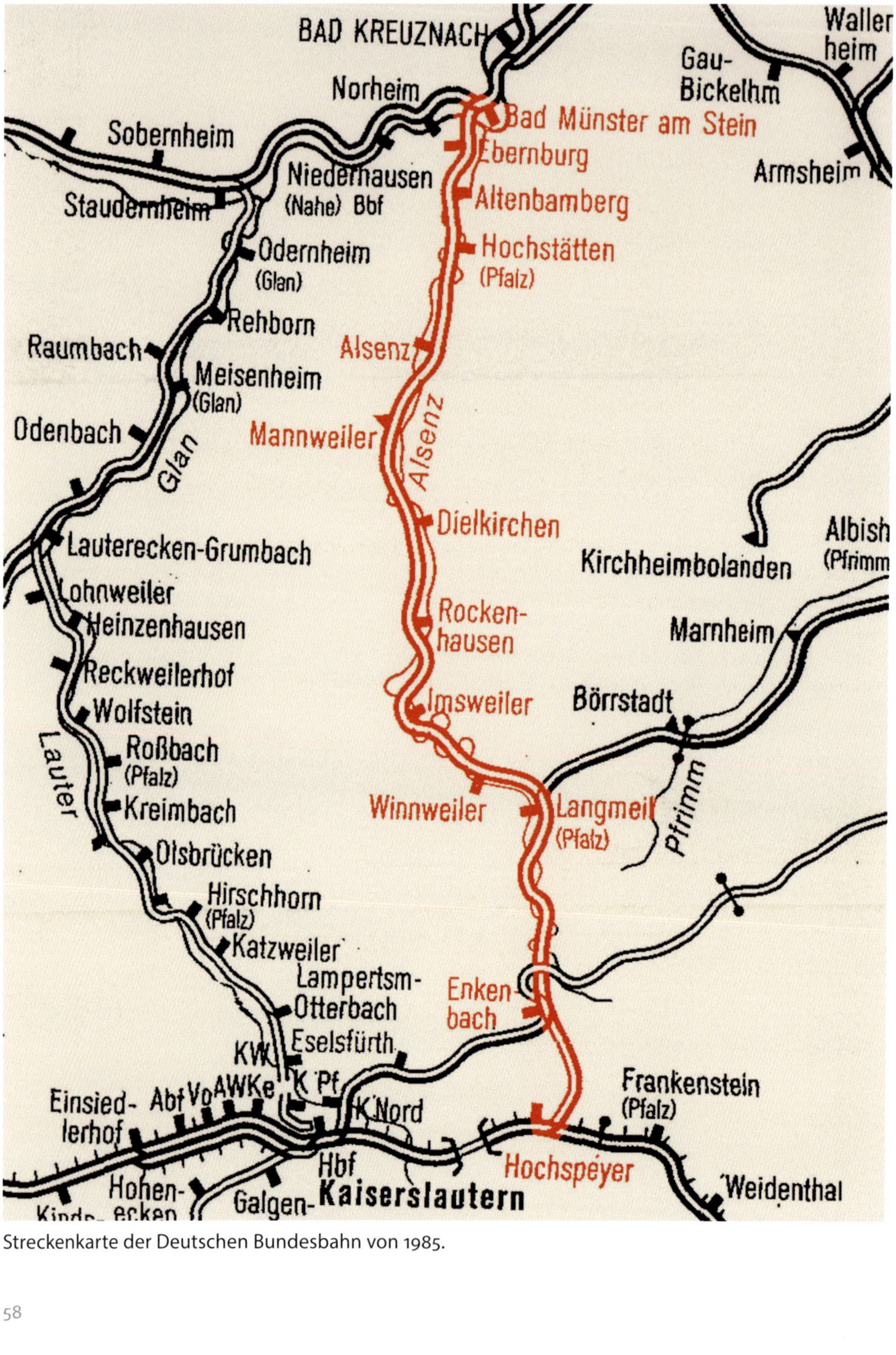

Streckenkarte der Deutschen Bundesbahn von 1985.

Vergleichen wir einmal die Situation in Bayerfeld-Cölln im Jahr 1973 und 2017: Zum Zeitpunkt der Passage des Schnellzugs 256 (Frankfurt–Paris Est) mit der Diesellok 218 159 hielten im Bahnhof noch regelmäßig Nahverkehrszüge. Dies ist seit langer Zeit nicht mehr der Fall. Das Empfangsgebäude war ursprünglich ein Bauernhaus, das bereits vor der Eisenbahn existierte. Es wurde später von der Bahn beim Bau der Strecke übernommen. Das war in Deutschland selten der Fall. Auf der aktuellen Aufnahme ist ein TALENT-Triebwagen in Richtung Kaiserslautern unterwegs.

In Dielkirchen wurde der Bahnhof aufgehoben. Die modernen Züge des Verkehrsunternehmens Vlexx GmbH passieren den 455-Seelen-Ort daher ohne Halt. Die Region verliert bis heute Einwohner.

Eine alte Ansichtskarte zeigt den ehemaligen Grenzbahnhof Ebernburg zwischen der bayerischen Pfalz und dem preußischen Rheinland am Zusammenschluss von Alsenz und Nahe. Auch aktuell lohnt sich eine Wanderung zu diesem Aussichtspunkt. Der Fotograf dokumentierte 1958 den D 172 von Krefeld nach Basel SBB mit einer Lok der Baureihe 01.

◂ Zwischen dem ehemaligen Bahnhof Dielkirchen und dem heute noch bedienten Halt Rockenhausen auf der Alsenztalbahn ist ein TALENT-Triebwagen der Baureihe 643 als RB 65 nach Kaiserslautern unterwegs. Während die RE-Züge von der Bahngesellschaft Vlexx GmbH betrieben werden, ist DB Regio für den Regionalbahnverkehr zuständig.

Die strategische Bahn Bad Kreuznach–Odernheim

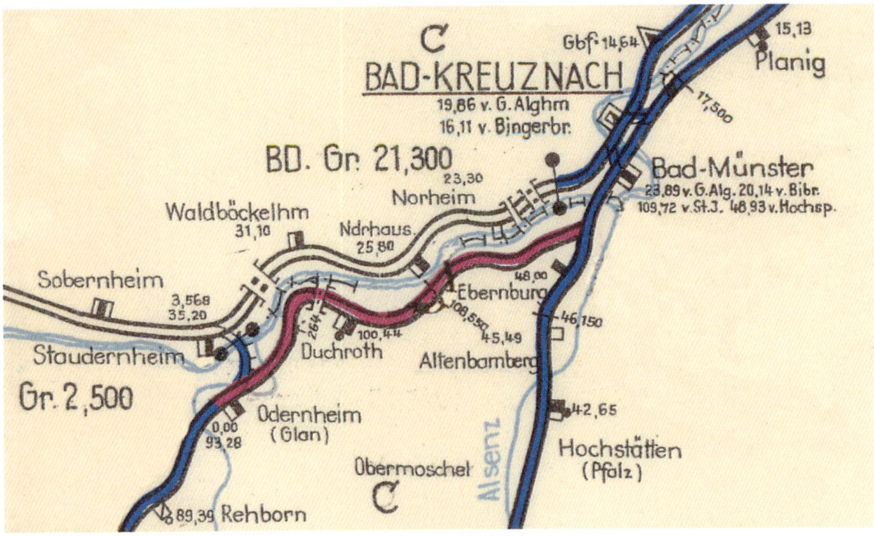

Streckenkarte der Deutschen Bundesbahn von 1956.

1981 war der Bahnhof Durchroth bereits seiner Gleise beraubt. Das ehemalige Bahngelände war jedoch noch komplett vorhanden und ungenutzt. Der Bahnhof befand sich im Ort Oberhausen, während der namensgebende Ort Durchroth oberhalb des Nahetals liegt. Sowohl das Empfangsgebäude als auch der Güterschuppen haben bis heute überlebt.

◂ Die Nahe bildet die Grenze zwischen der Pfalz und dem Rheinland. Im Hintergrund zu sehen ist die Alsenztalbahn nach Kaiserslautern. Im Vordergrund die Nahetalbahn sowie die Bahnbrücke der pfälzischen strategischen Bahnstrecke. Bereits 1961 wurde der Abschnitt Odernheim–Bad Münster stillgelegt, lediglich der Gleisanschluss zum Kraftwerk Niederhausen wurde noch bis 1992 bedient.

Die Glantalbahn zwischen Staudernheim und Altenglan

Streckenkarte der Deutschen Bundesbahn von 1985.

Für die Fahrt auf der Draisinenbahn stehen unterschiedliche Draisinentypen zur Verfügung. Wem die gesamte Strecke zu lang ist, der kann die Fahrt auf halber Strecke in Lauterecken-Grumbach beenden. Aktuelle Informationen sind auf der Website der Draisinenbahn abrufbar: www.draisinentour.de ▸

Einen ganzen Tag kann man mit der Draisine auf der Glantalbahn verbringen. Die Fahrtrichtung wechselt täglich. Es wird immer in eine Richtung gefahren ohne Gegenverkehr. An geraden Kalendertagen ist die Abfahrt in Staudernheim, an ungeraden Tagen startet die Fahrt in Altenglan.

Als noch Schienenbusse auf der Glantalbahn fuhren, stattete Wolfgang Löckel der Bahnlinie einen Besuch ab. Im Bahnhof Odernheim (Glan) steht ein Schienenbus der Baureihe 798 zur Weiterfahrt bereit. Durch die Draisinenbahn konnte die Strecke erhalten werden. In jüngster Zeit gibt es Bestrebungen, den regulären Verkehr zu reaktivieren.

Der „Lokführer-Blick" auf die Gleise ist bei der Glantalbahn allen Draisinennutzern möglich. Attraktiv ist neben der Passage des 70 Meter langen Tunnels bei Meisenheim die Überquerung der Glan auf den alten Stahlbrücken. ►

Größere Gruppen sollten die Draisinen rechtzeitig reservieren, da die Nachfrage insbesondere an den Wochenenden und in den Ferien groß ist. Mit drei Draisinen lassen sich ganze Gruppentransporte durchs Glantal schleusen.

Der Bahnhof Staudernheim anno 1975. Das rechte Gleis gehört zur Glantalbahn, während die linken Gleisanlagen mit dem Nahverkehrszug zur Nahetalbahn gehören.

An den Endbahnhöfen kann man bequem in die Draisinen einsteigen. Teilweise werden die Fahrzeuge auch aus dem Gleis genommen, was ohne großen Kraftaufwand möglich ist.

◂ Nahverkehr in den 1980er-Jahren: der rote Schienenbus und der gelbe Post-Bus auf der Straße. Die Post ist längst aus der Personenbeförderung ausgestiegen und die Schienenbusse haben ebenfalls ausgedient. Das Foto entstand in Rammelsbach. Der Streckenabschnitt zwischen Altenglan und Kusel ist aber das letzte Stück der Glantalbahn, das noch von regulären Zügen befahren wird.

Unterwegs zwischen Kaiserslautern und Lauterecken-Grumbach

Streckenkarte der Deutschen Bundesbahn von 1985.

Ein wichtiger Bahnhof zwischen Lauterecken-Grumbach und Kaiserslautern war Lampertsmühle-Otterbach. Dort zweigten zwei Bahnlinien ab: die 16,5 Kilometer lange Stichbahn nach Reichenbach (Pfalz) und die nur 4,1 Kilometer lange Strecke nach Otterberg. Dementsprechend waren die Gleisanlagen ausgelegt.

◂ Die Regionalbahnlinie 66 startet in Lauterecken-Grumbach neben dem Draisinenbahnhof zur ihrer Fahrt nach Kaiserslautern. 2016 war für diese Dienste ein TALENT-Triebwagen der Baureihe 643 anzutreffen. Die TALENT-Triebwagen wurden bei der Firma Talbot in Aachen in den 1990er-Jahren entwickelt.

Unterwegs zwischen Landstuhl, Altenglan und Kusel

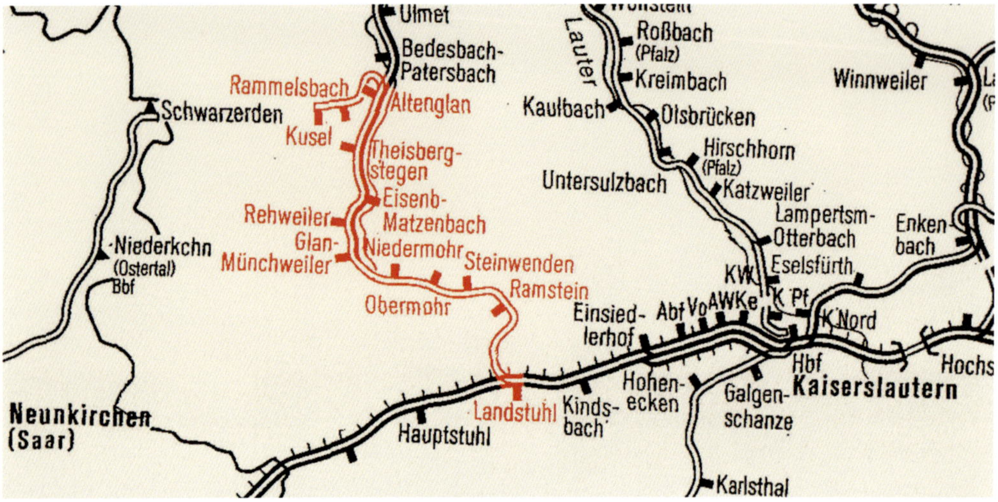

Streckenkarte der Deutschen Bundesbahn von 1985.

1954 entstand diese Aufnahme im Bahnhof Kusel. Die Blickrichtung Osten zeigt den bis 1936 als Endpunkt der Strecke von Altenglan angelegten Bahnhof. Links sind die Ausfahrtssignale der Streckenergänzung nach Türkismühle über Schwarzerden zu sehen. Der zweiachsige Postwagen in der Bildmitte wurde am Abend einem Zug nach Kaiserslautern beigegeben.

◂ Als RB 67 verkehren die Züge zwischen Kusel und Kaiserslautern über Altenglan und Landstuhl. Zwischen Niedermohr und Obermohr ist im Herbst ein TALENT-Triebwagen auf der Fahrt nach Kaiserslautern zu beobachten. Das Streckengleis wurde komplett erneuert und die Holz- und Stahlschwellen durch Betonschwellen ersetzt.

Mit der Ostertalbahn vom Saarland in die Pfalz

Streckenkarte der Deutschen Bundesbahn von 1985.

Im Endbahnhof in Schwarzerden befindet sich eine umfangreiche Fahrzeugsammlung. Die Züge aus Ottweiler (Saar) enden heute dort, weil die weiterführenden Strecken nach Kusel und Türkismühle einem Radweg gewichen sind. Schwarzerden ist damit ein pfälzischer Bahnhof ohne Anschluss an das Gleisnetz der Pfalz.

◂ Zwischen Ottweiler (Saar) und Schwarzerden verkehren seit ein paar Jahren touristische Züge. Der Großteil der Strecke liegt im Saarland, der heutige Endbahnhof jedoch in der Pfalz. Von Schwarzerden ging es ab 1936 weiter in Richtung Kusel. Diese Verbindung gibt es allerdings nicht mehr. Das Foto entstand 2007 auf dem Viadukt in Haupersweiler.

Stichstrecke Heimbach–Baumholder, ein Hauch von Amerika

Streckenkarte der Deutschen Bundesbahn von 1985.

Die RB-Züge der Linie 34 verkehren im Stundentakt zwischen Baumholder und Idar-Oberstein. Die im Personenverkehr reaktivierte Stichbahn zweigt aber erst wenige Meter nach dem Bahnhof Heimbach (Nahe) von der Nahetalbahn ab.

Bekannt ist Baumholder als Standort einer der größten US-Garnisonen in Deutschland. Seit den 1950er-Jahren besteht der Truppenübungsplatz direkt neben dem Stadtgebiet. Wirtschaftlich, aber auch gesellschaftlich prägen die hier lebenden rund 15.000 US-Amerikaner das Stadtbild wesentlich. Der Bahnhof dient regelmäßig dem Militärverkehr.

Seit 2015 verkehren wieder Personenzüge nach Baumholder. Die Strecke Heimbach–Baumholder wird von der RP-Eisenbahn betrieben, die Nahverkehrszüge von der Vlexx GmbH.

Die Zellertalbahn Langmeil–Monsheim

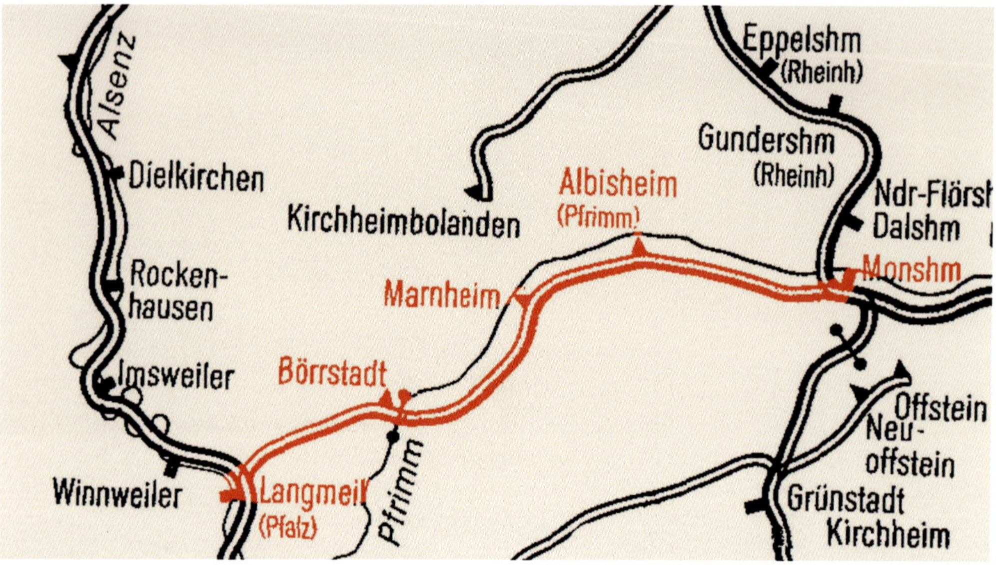

Streckenkarte der Deutschen Bundesbahn von 1985.

Die Zellertalbahn wurde ursprünglich als Hauptbahn gebaut, verlor aber ihre Bedeutung. In Marnheim zweigte die Donnersbergbahn nach Alzey ab. Das Bild zeigt einen Sonderzug der Ulmer Eisenbahnfreunde von Monsheim kommend. Das Brückenwiderlager gehörte zur Donnersbergbahn.

1983 stellte man den Personenverkehr ein. 2001 wurde er an Sonn- und Feiertagen wieder aufgenommen, aber im August 2017 erneut eingestellt. Seit 2021 läuft nach Bemühungen der Lokalpolitik die Sanierung der Strecke, die bis 2023 abgeschlossen sein soll. In den 1970er-Jahren war die Strecke für den auslaufenden Dampfbetrieb bekannt.

Das Empfangsgebäude von Marnheim liegt weit außerhalb der Ortschaft. Die umfangreichen Gleisanlagen zeugen von der einstigen Bedeutung der Bahn. Bei einer Reaktivierung im regulären Personenverkehr müsste der Halt näher ans Zentrum verlegt werden.

Von der in Marnheim abzweigenden Donnersbergbahn sind nur noch der Bahndamm sowie das Mittelteil des Pfrimmtalviadukts vorhanden, das 1945 von der Wehrmacht auf dem Rückzug gesprengt wurde. Seitdem ist die Bahnstrecke zwischen Kirchheimbolanden und Marnheim unterbrochen.

4

Bahnen in der Vorderpfalz

Größtenteils von Weinbergen gesäumt wird die Pfälzische Nordbahn zwischen Monsheim und Neustadt (Weinstraße). Nach dem Bau eines neuen Kreuzungsbahnhofs in Kirchheim (Weinstraße) mit Außenbahnsteigen ist dort nun ein Halbstundentakt mit modernen Dieseltriebwagen der Baureihe 622 möglich. Das Foto entstand 2017 bei Herxheim am Berg.

Die Pfälzische Nordbahn von Neustadt (Weinstraße) nach Monsheim

Streckenkarte der Deutschen Bundesbahn von 1985.

Von der Obersülzer Straßenbrücke ergibt sich ein sehr guter Ausblick auf den Bahnhof von Grünstadt, dessen Gleise 1 und 2 dem Busverkehr gewichen sind. Zwischen 1984 und 1995 war Grünstadt Endbahnhof, weil die Strecken nach Monsheim und nach Ramsen-Eiswoog nicht mehr mit Personenzügen bedient wurden.

Der Bahnhof Bad Dürkheim wurde 1865 als Endbahnhof der in Neustadt beginnenden Bahnstrecke eröffnet. Mit deren Durchbindung nach Monsheim acht Jahre später wurde er zum Kopfbahnhof. Seit 1969 (mit der Eröffnung des neuen Bahnhofs Ludwigshafen) ist er der einzige seiner Art innerhalb der Pfalz. Seit 1913 endet an seinem Bahnhofsvorplatz zudem die schmalspurige Rhein-Haardtbahn aus Ludwigshafen.

311 270-3 hieß die Kleinlok der Leistungsgruppe 1 von Bad Dürkheim, die vor allem für den Güterverkehr benötigt wurde. Als Kö 0270 wurde sie 1937 an die Deutsche Reichsbahn ausgeliefert. Nach Schließung der Güterabfertigung im Jahr 1975 wurde sie nicht mehr benötigt und ausgemustert. Anschließend wurde sie nach Udine in Italien verkauft, dort aber auch bereits 1986 verschrottet.

Was 2023 hochmodern ist, war in der Pfalz schon im April 1974 völlig normal: „Lokal CO_2-neutrales Fahren" war auch mit den Akku-Triebwagen der Baureihe 515 möglich, wie hier in Grünstadt. Zusätzlich wurde auch Expressgut befördert, für das heute unzählige Kurierdienste auf den Straßen unterwegs sind.

In Freinsheim trifft die Bahnstrecke von Frankenthal Hbf auf die Pfälzische Nordbahn Neustadt (Weinstraße)–Monsheim. Der Bahnhof wurde inzwischen auf drei Gleise reduziert, die für den planmäßigen Personenverkehr benötigt werden. Für Sonderzüge oder gar Güterverkehr ist kein Platz mehr vorhanden.

In den 1980er-Jahren wurden die roten Akku-Triebwagen durch Dieseltriebwagen der Baureihe 628 ersetzt. Auch wenn künftig bald wieder Akku-Züge zum Einsatz kommen werden, so wird die Infra-

struktur weiter zu Problemen führen. Schon auf diesem historischen Foto fehlt die Weiche für das Gleis 3. Aktuell sind nur noch zwei Gleise in Deidesheim vorhanden. Güterverkehr? Fehlanzeige!

Von Grünstadt nach Offstein

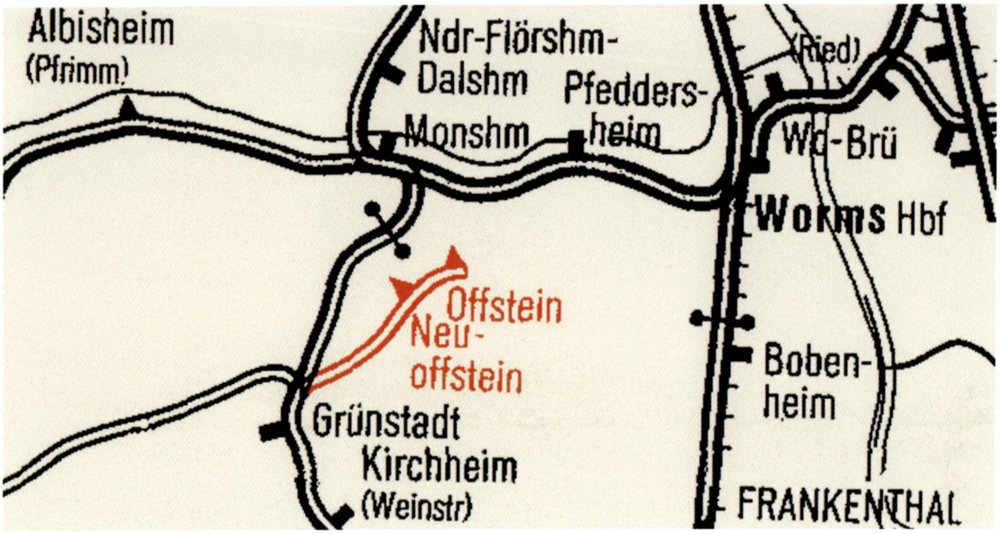

Streckenkarte der Deutschen Bundesbahn von 1985.

2009 übernahm die Firma Wincanton Rail die Bahnstrecke zwischen Grünstadt und Neuoffstein als Infrastrukturunternehmen. Die Gesellschaft ist ein Tochterunternehmen der Rhenus AG & Co. KG. Einziger Kunde an der heutigen Stichstrecke ist die Firma Südzucker. Von Offstein aus werden jährlich etwa 10.000 Tonnen Kristallzucker abtransportiert.

◄ Die Bahnstrecke Worms–Grünstadt war eine besondere Nebenbahn. Sie führte vom rheinhessischen Worms ins pfälzische Grünstadt und ist heute zwischen Offstein-Südzucker und Worms stillgelegt. Die Tatsache, dass die Strecke damals mit Hessen und Bayern das Gebiet zweier Länder durchquerte, hatte zur Folge, dass die beiden entsprechenden Abschnitte von unterschiedlichen Gesellschaften betrieben wurden. 1968 wurde der Personenverkehr eingestellt. Auf dem Teilstück Grünstadt–Neuoffstein konnte der Güterverkehr zum Südzucker-Werk in Offstein reaktiviert werden. 1988 war der Akku-Triebwagen 515 002 mit Steuerwagen im Rahmen einer Sonderfahrt im Bahnhof Offstein, der 2023 nicht mehr auf Schienen erreicht werden kann.

Die Verbindungsbahn von Freinsheim nach Frankenthal Hauptbahnhof

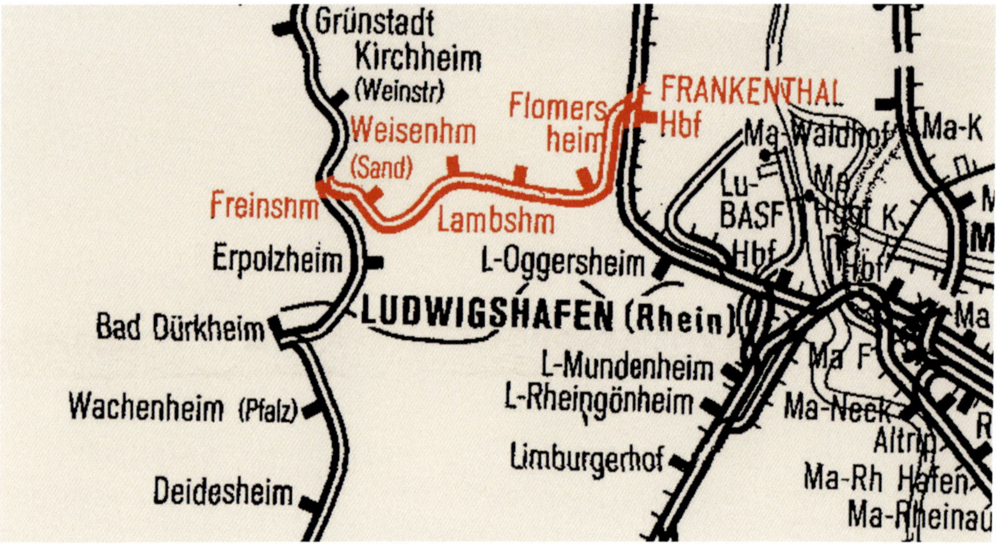

Streckenkarte der Deutschen Bundesbahn von 1985.

Das alte Empfangsgebäude von Frankenthal wurde im Zweiten Weltkrieg schwer beschädigt und später nur provisorisch wieder aufgebaut. 1970 konnte das neue moderne Gebäude eröffnet werden, das bis heute in Betrieb ist und stellvertretend für moderne Gebäude der 1970er-Jahre erhalten bleiben soll.

◄ Die Bahnstrecke Freinsheim–Frankenthal ist eine 13,4 Kilometer lange Verbindungsbahn zwischen den Städten Freinsheim und Frankenthal, die über Weisenheim und Lambsheim verläuft. Die 1877 eröffnete Strecke stellt eine Querverbindung zwischen der Bahnstrecke Mainz–Ludwigshafen und der Pfälzischen Nordbahn Neustadt–Monsheim her. Bedingt durch eine Verlagerung der Verkehrsströme erlebte die Strecke nach dem Zweiten Weltkrieg im Personenverkehr einen Aufschwung, während der Güterverkehr zwischenzeitlich zum Erliegen kam. Das Foto entstand 2017 in Lambsheim.

Die Überland-Straßenbahnstrecke von Ludwigshafen nach Bad Dürkheim

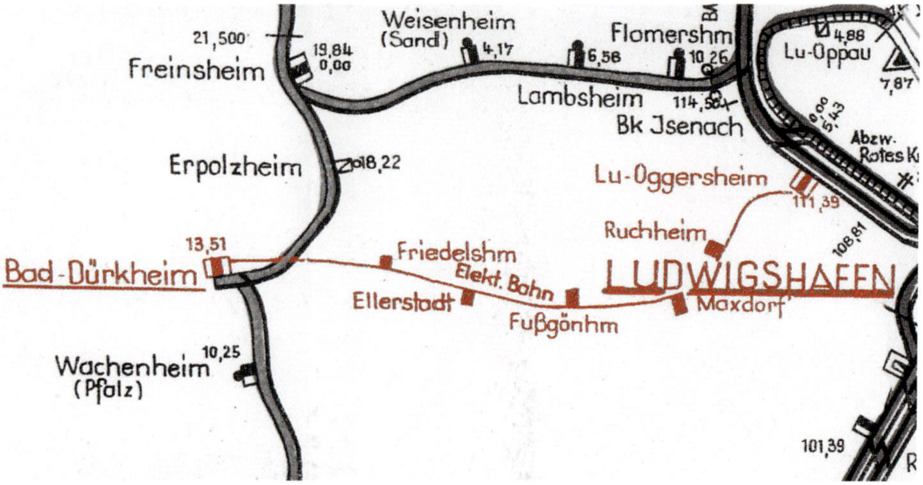

Streckenkarte der Deutschen Bundesbahn von 1956.

Der Verkehr auf der Rhein-Haardtbahn (RBH) wird vom Einsatz der 8MGT genannten Straßenbahntriebwagen geprägt, die in den Jahren 1994/95 von den Firmen Duewag und ABB gebaut wurden. Die Bahnstrecke ist betrieblich eng mit der Straßenbahn Mannheim/Ludwigshafen verknüpft. Die RHB-Stammstrecke wird zwar ähnlich einer Überland-Straßenbahn betrieben, ist jedoch nach der Eisenbahn-Bau- und Betriebsordnung für Schmalspurbahnen konzessioniert.

◄ Die Bahnstrecke Bad Dürkheim–Ludwigshafen-Oggersheim, Rhein-Haardtbahn genannt, ist eine 16 Kilometer lange, meterspurige und elektrifizierte Überland-Straßenbahnstrecke, die von der Rhein-Neckar-Verkehr GmbH (RNV) als Eisenbahnverkehrsunternehmen betrieben wird. In Bad Dürkheim (Foto) gibt es eine Wendeschleife.

Die Haltestelle Ruchheim ist der letzte Haltepunkt vor dem Übergang der Fahrt von der Schmalspurbahn zur Straßenbahn. Die Fahrgäste merken von diesem Wechsel freilich nichts. Am Haltepunkt befindet sich noch ein altes Gebäude der Rhein-Haardtbahn. Das Foto entstand 2017.

Vor der Wagenhalle von Bad Dürkheim stehen 1965 die Triebwagen 1104 und 2. Das rechte Fahrzeug stammt von der ehemaligen Oberlandbahn, einer Überland-Straßenbahn zwischen Neustadt und Landau, deren Verkehr jedoch bereits 1955 eingestellt wurde. Noch im selben Jahr erfolgte seine Verschrottung, während der Tw 1104 ins Straßenbahnmuseum Hannover kam, dort aber auch 1997 zerlegt wurde.

◂ Zu den historischen Fahrzeugen der Rhein-Neckar-Verkehr GmbH gehört der Hängerzug 1017, der auch für private Veranstaltungen gebucht werden kann. Das Fahrzeug wurde 1963 gebaut. 2018 kam es beim jährlichen Herbsttreffen von Wolfgang Löckel zum Einsatz. Das Foto entstand in Bad Dürkheim Ost.

Der Abschnitt Neustadt (Weinstraße)–Ludwigshafen (Rhein) der Pfälzischen Ludwigsbahn

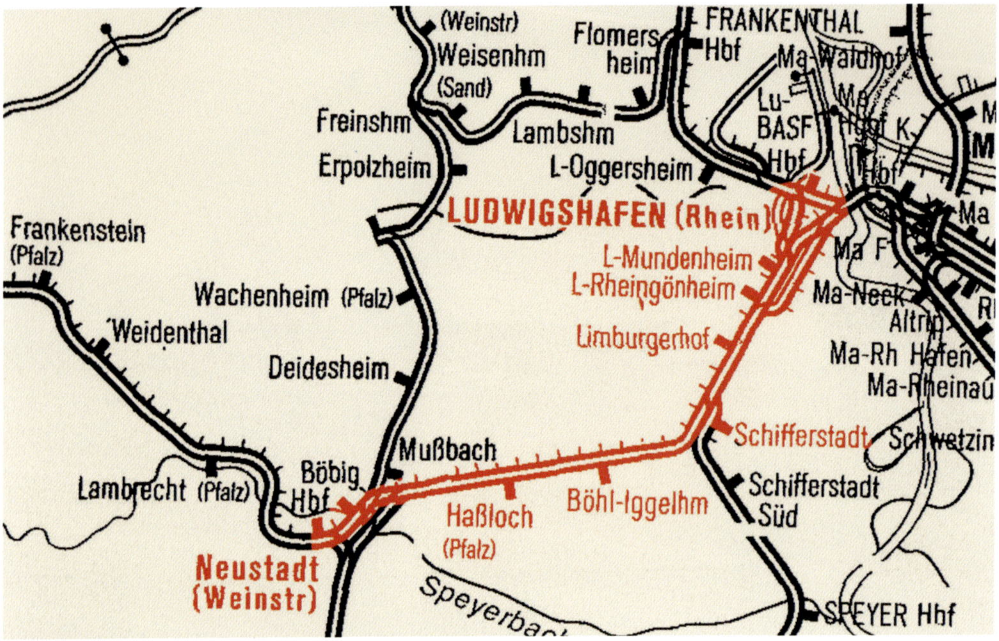

Streckenkarte der Deutschen Bundesbahn von 1985.

Der Akku-Triebwagen ETA 150 525 ist am 29. Mai 1963 zusammen mit einem antriebslosen Steuerwagen als NT 1725 unterwegs nach Ludwigshafen Hbf. Schon damals fuhr die Deutsche Bundesbahn mit Akku-Triebwagen, die noch bis 1995 im Einsatz standen und später durch Dieseltriebwagen ersetzt wurden.

◂ Die Taktdichte der Züge zwischen Ludwigshafen (Rhein) und Neustadt (Weinstraße) ist nicht nur aufgrund der S-Bahn Rhein-Neckar sehr hoch. Auch im Güterverkehr hat die Strecke eine große Bedeutung. 2017 erfolgt eine Überholung einer S-Bahn im Bahnhof Mundenheim durch einen Güterzug der Euro-Cargo-Rail (heute DB Cargo France SAS). In Mundenheim begann einst die schmalspurige Lokalbahn nach Meckenheim (Pfalz).

In Schifferstadt zweigt die Stichstrecke nach Speyer von der Pfälzischen Ludwigsbahn ab, die heute über Speyer hinaus bis Germersheim und weiter nach Wörth und Graben-Neudorf führt. Da der enge Bogen der Strecke nach Neustadt im Bahnhof Schifferstadt für die Fernzüge in Ost-West-Richtung eine Geschwindigkeitsreduzierung bedeutete, begann die Deutsche Bahn AG im Jahr 1998 eine Neubaustrecke als Umfahrung zu errichten. Diese sollte zum einen die Reisezeiten im Fernverkehr verkürzen und zum anderen eine Entlastung des Schifferstadter Bahnhofs erreichen. 2003 konnte der neue Streckenabschnitt eröffnet werden. Wenige Wochen später wurde der Bahnhof zum Knotenpunkt im neuen S-Bahn-Verkehr. Das ursprüngliche Empfangsgebäude, das bereits in den Jahren nach dem Zweiten Weltkrieg Alterserscheinungen aufwies, wurde 1964 abgerissen und durch einen schlicht gehaltenen Nachfolger ersetzt.

Die Bahnanlagen in Limburgerhof erinnern sehr an die Grenzübergangsstellen zwischen der BRD und der DDR mit ihren hohen Lärmschutzwänden. Die Gemeinde entstand erst 1930 um das BASF-Agrarzentrum Limburgerhof, das zuletzt in der Kritik stand, weil dort auch gentechnisch veränderte Kartoffeln und Mais angebaut wurden. 2012 wurde die Forschung nach North Carolina verlegt. ▸

Ein weiteres Bild von einem Personenzug mit 78 048 führt uns nochmals nach Ludwigshafen-Mundenheim. Obwohl die Bahnstrecke schon damals (1962) stark frequentiert war, gab es noch zahlreiche schienengleiche Bahnübergänge, die zwischen Ludwigshafen und Neustadt komplett durch Unter- oder Überführungen ersetzt wurden.

Die BASF-Bahn in Ludwigshafen (Rhein)

Vom Bahnhof Ludwigshafen (Rhein) verkehren S-Bahnen und Regionalzüge ins BASF-Gelände. Die Strecke wurde 2018 elektrifiziert. Alle Reisezüge halten in BASF Süd, BASF Mitte und BASF Nord und benötigen für die Fahrt etwa elf Minuten. Die Zu- oder Rückführung der Fahrzeuge erfolgt teilweise als Leerzug über die Fortsetzung der Bahnstrecke, die in Ludwigshafen-Oggersheim wieder in die Hauptbahn Ludwigshafen–Frankenthal mündet. Ein Nachteil dieser Fahrten ist, dass die Triebwagen in Ludwigshafen Hauptbahnhof dann andersrum gereiht sind. Der Zutritt von den Bahnsteigen ins Werk ist nur mit einem gültigen Werksausweis möglich. Rund 35.000 Menschen arbeiten im Werk Ludwigshafen der BASF. Während die Südzufahrt fast ausschließlich für den Personenverkehr genutzt wird, kommen über die Nordzufahrt lediglich Güterzüge ins BASF-Werk.

Nur wenige Fotos existieren von den Werksbahnhöfen der BASF, da die Züge ausschließlich für die Mitarbeiter der BASF verkehren. Die Zeit der Dieseltriebwagen der Baureihe 628 ist seit der Elektrifizierung 2018 vorbei. Die Züge sind zu den Schicht-Wechsel-Zeiten sehr gut genutzt.

Das BASF-Südtor wird vom Werkschutz vor Zugfahrten manuell geöffnet. Auch wenn der Werkschutz es nicht gerne sieht, dass man dort fotografiert, so ist es nicht verboten. 2017 war die Strecke noch nicht elektrifiziert. Der Dieseltriebwagen 623 001 verlässt das Werk am Vormittag und erreicht wenige Minuten später den Hauptbahnhof Ludwigshafen.

Die Lokalbahn Ludwigshafen–Mundenheim–Mutterstadt–Meckenheim

Für die pfälzischen Lokalbahnen machen wir in diesem Buch einmal eine Ausnahme und betrachten zwei Bahnstrecken, die längst nicht mehr zum Eisenbahnnetz der Pfalz gehören. Sie prägten aber die Region mehr als viele andere Bahnen. Es gab drei Strecken: die Strecke von Großkarlbach nach Frankenthal Hauptbahnhof, von dort die Strecke über Oppau nach Ludwigshafen Hauptbahnhof und als dritte Strecke die Linie von Ludwigshafen über Mundenheim und Mutterstadt nach Meckenheim (Pfalz). Bereits 1955 kam das Ende der Lokalbahnen.

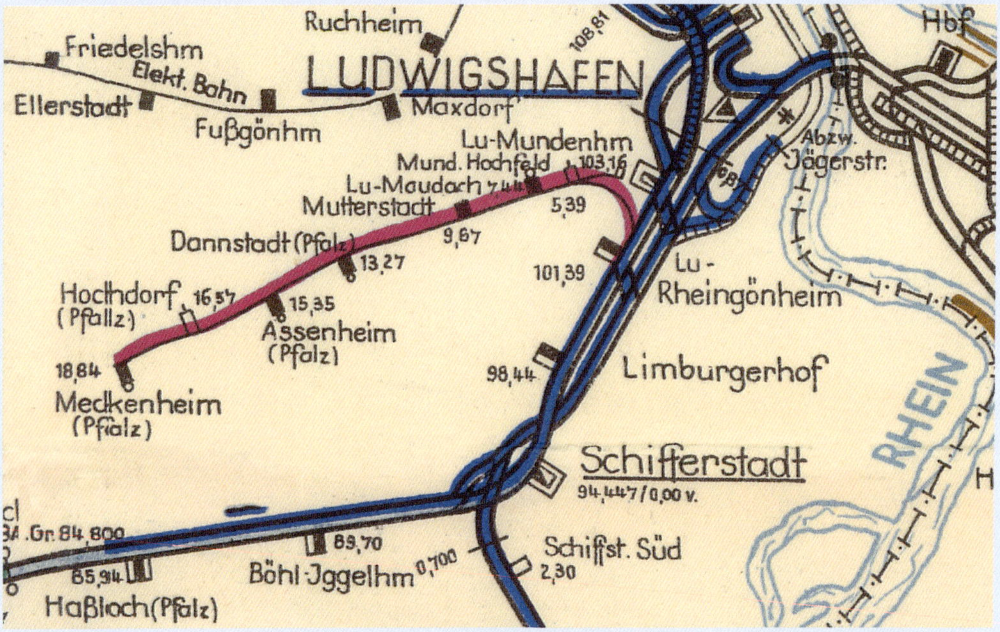

Streckenkarte der Deutschen Bundesbahn von 1956. Die Strecke von Mundenheim nach Meckenheim (Pfalz) ist noch eingezeichnet, obwohl die Strecke ein Jahr vor Erscheinen der Karte bereits stillgelegt wurde.

1956 wurden die Gleise in der Nähe des ehemaligen Haltepunkts Ludwigshafen-Hochfeld in Handarbeit abgebaut. Das Foto entstand in der Maudacher Straße. Die beiden markanten Häuser rechts sind auch heute noch vorhanden. Von der einstigen Lokalbahn sind jedoch alle Spuren verschwunden. ▸

Für die Pfälzischen Lokalbahnen wurden drei Schmalspurdiesellokomotiven der DB-Baureihe V 29 von der Deutschen Bundesbahn 1952 bei der Lokomotivfabrik Jung beschafft. Einen Heizkessel für die Zugheizung hatten die drei Lokomotiven jedoch nicht, weshalb insgesamt vier Dampfspeicherwagen beschafft wurden. Das Foto entstand 1953 in Mundenheim. Die Maschinen bewährten sich und überlebten die Lokalbahnen. Eine Maschine ist bis heute betriebsfähig bei der Museumsbahn Bruchhausen-Vilsen–Asendorf in Niedersachsen.

Inzwischen ist auch vom alten Ludwigshafener Hauptbahnhof fast nichts mehr übrig. Das Foto zeigt ein Modell der Stadt mit dem Bahnhof, das im Rathaus-Center besichtigt werden konnte. Allerdings soll das Rathaus-Center, das 1979 auf der Fläche des ehemaligen Hauptbahnhofs entstand, bis 2024 abgerissen werden. Ein neuer Standort des Museums ist derzeit noch in Arbeit.

Der Blick von der Straßenbrücke Am Schänzeldamm auf den Rangierbahnhof Ludwigshafen zeigt die Erweiterungen der Gleisanlagen im Rahmen des Baus des neuen Hauptbahnhofs. Inzwischen befindet sich auf dem Gelände des Rangierbahnhofs das Bahnbetriebswerk der S-Bahn Rhein-Neckar. ▸

Der Saison-D-Zug 369 von Konstanz nach Dortmund steht mit der E-Lok E 10 142 im Jahr 1959 im alten Ludwigshafener Hauptbahnhof. Nur kurze Zeit verkehrten dort elektrische Züge mit Oberleitungsbetrieb. Zehn Jahre später wurde der neue Bahnhof Ludwigshafen eröffnet. 1971 waren die Abrissarbeiten abgeschlossen.

Von der Pylonbrücke (siehe Seite 2) hat man diesen Ausblick auf den oberen Teil des Hbf Ludwigshafen (Rhein). Die mittleren beiden Gleise dienen den durchfahrenden Zügen, wie dem Euro-Cargo-Güterzug mit leeren Autotransportwagen. Sein Fahrziel ist das Audi-Werk in Neckarsulm. ▲

Einst erschien der „Almanach der deutschen Eisenbahnen" jährlich und berichtete über die Veränderungen im Verkehrswesen. Als Titelfoto diente 1970 der damals neue Hauptbahnhof, der oft als Werbemotiv für die Bundesbahn herhalten musste. Inzwischen strahlt das Gebäude den Charme des Brutalismus aus.

1969 hochmodern, 2023 bereits seit vielen Jahren außer Betrieb: Die Haltestelle Hauptbahnhof-Ostausgang wurde zu einem Geisterbahnhof. Der Streckenabschnitt der Straßenbahn zwischen dem Hauptbahnhof und der Saarlandstraße wird planmäßig nicht mehr befahren.

Von Schifferstadt nach Germersheim

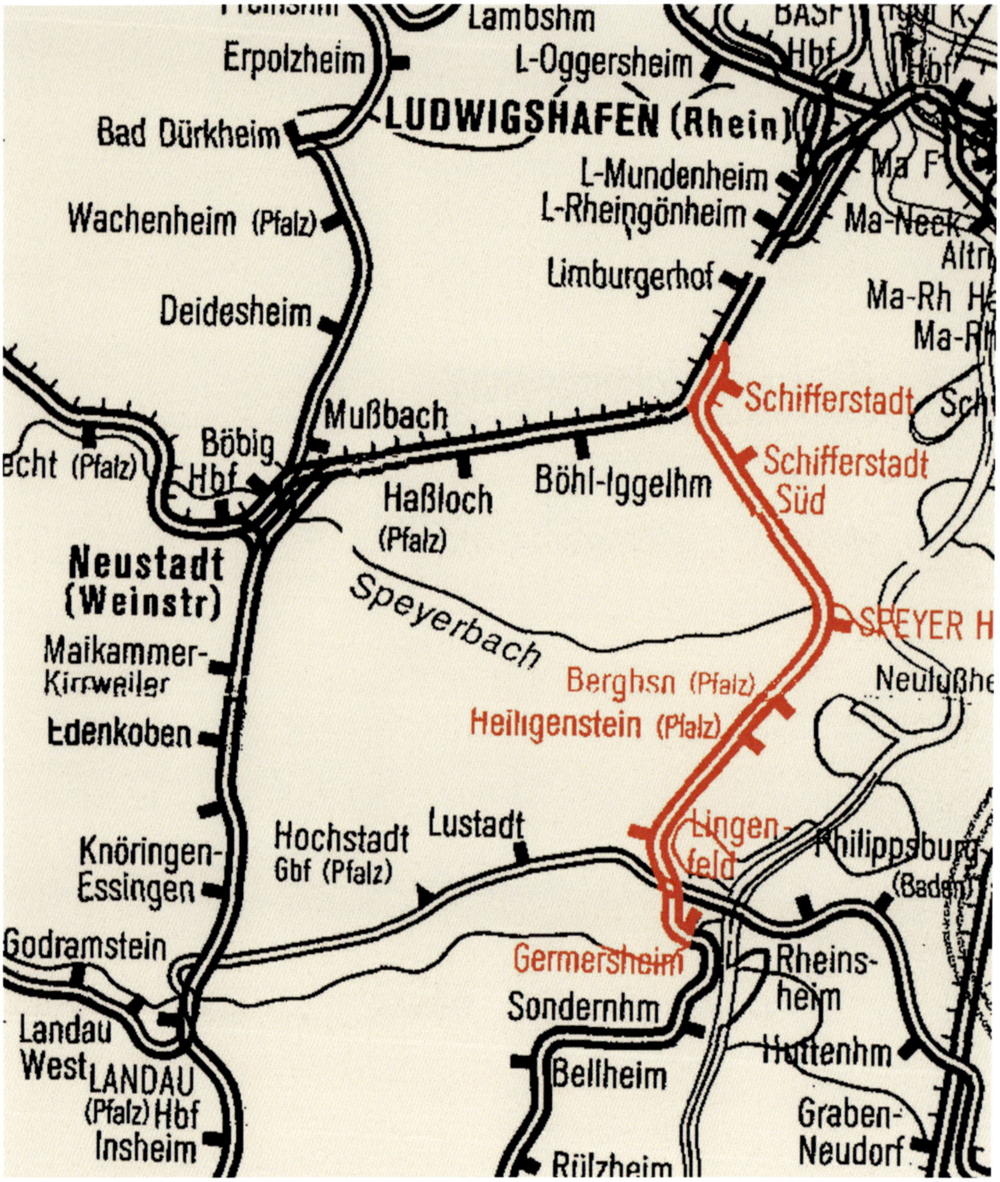

Streckenkarte der Deutschen Bundesbahn von 1985.

Die S 3 von Karlsruhe erreicht den Bahnhof Speyer. Im Hintergrund sind die Türme der katholischen Kirche St. Josef und der Turm der evangelischen Gedächtniskirche zu sehen. In der ehemaligen Güterabfertigung befindet sich inzwischen ein Bio-Markt. Mit der Nachnutzung konnte das alte Gebäude aus der Pfalzbahnzeit erhalten werden. ▸

Von Ludwigshafen reisen wir wieder über die Pfälzische Ludwigsbahn zurück nach Schifferstadt (siehe Seite 98). Dort zweigt die Bahnlinie nach Speyer und Germersheim ab, auf die der Akku-Triebwagen ESA 150 012 und ETA 150 120 (spätere Baureihe 515/815) ausfährt. Die Aufnahme entstand 1962.

Das Technik-Museum Speyer

Das Technik-Museum Speyer hat seinen Ursprung im Technik-Museum Sinsheim. Als zu Beginn der 1990er-Jahre die Erweiterungsmöglichkeiten in Sinsheim fast erschöpft waren, ergab sich die einmalige Gelegenheit, im Zentrum von Speyer auf dem Gelände der ehemaligen Pfalz-Flugzeugwerke ein zweites Museum, das Technik Museum Speyer, zu errichten. Als Ausstellungshalle diente zunächst die „Liller Halle“, eine denkmalgeschützte Industriehalle aus dem Jahr 1913, in der heute insbesondere Oldtimer, Motorräder, Flugzeuge und historische Feuerwehrfahrzeuge gezeigt werden. Derzeit verfügt das Museum über mehr als 25.000 Quadratmeter überdachte Hallenfläche und 150.000 Quadratmeter Freigelände.

Ein Ausstellungsstück des Museums ist die 42 1504, die 1944 als Kriegslok von der Maschinenfabrik Esslingen gebaut wurde. Nach dem Zweiten Weltkrieg verblieb sie in Polen. Eine erfolgte Aufarbeitung für den Museumsverkehr wurde behördlich nicht abgenommen, sodass die Lok nur als Ausstellungstück verwendet werden kann. 1956 musterte man die letzte Maschine bei der Bundesbahn aus. Durch die Übernahme der Eisenbahn im Saarland kamen 1957 nochmals 16 Maschinen in den Bestand, die jedoch auch zügig bis 1962 ausgemustert wurden. Auch im Gebiet der Pfalz waren die Loks im Einsatz.

Das Technikmuseum ist vielseitig ausgerichtet und nicht nur für Eisenbahnfreunde einen Besuch wert. Leider stehen auch einige wertvolle Exponate im Freien und sind Wind und Wetter ausgesetzt. Im Hintergrund ist der Dom zu Speyer zu sehen. Das Foto entstand 2016. Aktuelle Infos für einen Besuch sind unter www.technik-museum.de zu finden.

Zurück im Bahnhof Speyer: Neben den S-Bahnen und RE-Zügen „SÜWEX“ gibt es auch zahlreiche Güterzüge. Unter anderem wird der Rheinhafen Speyer regelmäßig von der Bahn bedient. Der Güterzug mit den beiden gelben Maschinen der Baureihe V 100 (Ost) befördert Bahnschotter zur nächsten Gleisbaustelle. Das Foto entstand 2017.

Güterzüge zum Hafen Speyer

Der Rheinhafen ermöglicht in Speyer auch den Güterverkehr zu Wasser. Er ist Warenumschlagplatz für die am Hafenbecken ansässigen Unternehmen. Die Verkehrsbetriebe Speyer sind Betreiber des Hafens. Es stehen fast drei Kilometer Kaianlagen zur Verfügung, von denen 700 Meter auch mit Gleisanschlüssen der Hafenbahn erschlossen sind, womit ein trimodaler Güterumschlag möglich ist. Große Rheinschiffe mit 110 Metern Länge können direkt im Hafenbecken wenden. Der Hafen ist aufnahmefähig für Binnenschiffe bis zu 5.200 Tonnen Verdrängung und dient heute überwiegend dem Umschlag von Mineralölprodukten. Das Foto zeigt einen Kesselwagenzug auf dem Zufahrtsgleis zum Hafen Speyer.

Die Schiffsbrücke zu Speyer

1862 einigte sich das Großherzogtum Baden mit dem Königreich Bayern, zu dem die linksrheinische Pfalz damals gehörte, auf die Errichtung einer Schiffsbrücke für den Straßenverkehr bei Speyer. Das Bauwerk wurde 1866 in Betrieb genommen. 1871 kam es dann zur Vereinbarung zwischen Baden und Bayern, die Bahnstrecke Heidelberg–Schwetzingen–Speyer mit einer Schiffsbrücke als Rheinquerung zu errichten. 1873 wurde die Strecke eröffnet. Die Schiffsbrücke hatte die Pfälzische Ludwigsbahn-Gesellschaft von der Stadt Speyer gekauft und in eine kombinierte Straßen- und Eisenbahnbrücke umgebaut. Die Schiffsbrücke bestand aus elf Jochen, die sich aus jeweils drei bis vier eisernen Kähnen zusammensetzten. Sechs Joche waren im Rhein fest verankert, drei waren ausfahrbare Durchlassjoche mit Motorantrieb und zwei waren Landjoche.

Das Bauwerk musste mehrmals täglich für den Personenzug der Bahnstrecke Heidelberg–Speyer zusammen- und anschließend wieder auseinandergefahren werden, damit der Schiffsverkehr auf dem Fluss passieren konnte. Dazu ließ die Bedienmannschaft die Durchlassjoche nach Lösung der mechanischen Verbindungen mit der Strömung aus der Brücke herausfahren und zog sie zur Seite. Nach Passage der Schiffe zogen sich die Joche an Ankerketten mittels Benzinmotoren wieder an ihre Positionen. 1929 querten zwölf Züge die Brücke, die währenddessen für den Straßenverkehr gesperrt war. Die eigentliche Schiffsbrücke hatte eine Länge von 234,6 Metern und bestand aus 43 Pontons. Hinzu kamen noch jeweils 84 Meter für die beiden Uferrampen. Die Fahrbahnbreite betrug 5,9 Meter. Die Schiene lag im Durchschnitt 1,60 Meter über der Wasseroberfläche.

Ab 1925 gab es Verhandlungen zwischen dem Deutschen Reich, der Deutschen Reichsbahn-Gesellschaft und den Ländern Baden und Bayern über den Ersatz der Schiffsbrücke, die den

wachsenden Schiffsverkehr auf dem Rhein immer stärker behinderte, durch eine feste Brücke. 1938 folgte die offizielle Einweihung. Ein langes Leben hatte die Brücke jedoch nicht. Schon im März 1945 wurde sie von der Wehrmacht auf dem Rückzug gesprengt. Die heutige Straßenbrücke von 1956 wurde ohne eine Bahntrasse gebaut, weil die Eisenbahnverbindung Heidelberg–Schwetzingen–Speyer inzwischen stillgelegt wurde.

Modern, bewährt und allseits beliebt: Die S-Bahn Rhein-Neckar

Die Übersicht zeigt das aktuelle Netz der S-Bahn Rhein-Neckar.

Seit Dezember 2020 kommen neue Fahrzeuge bei der S-Bahn zum Einsatz. 38 Triebwagen vom Typ Siemens Mireo ergänzen und ersetzen die inzwischen 20 Jahre alten Fahrzeuge der Baureihe 425. Das Foto entstand 2022 zwischen Mannheim Hbf und Ludwigshafen-Mitte. Im Hintergrund ist das Mannheimer Schloss zu sehen.

◂ Seit 2003 gehört die S-Bahn Rhein-Neckar zum festen Bestandteil des Nahverkehrs in der östlichen Pfalz. Mit 440 Kilometern ist das Liniennetz der S-Bahn Rhein-Neckar eines der größten S-Bahn-Netze Deutschlands. Neue Strecken wurden nicht errichtet oder reaktiviert, aber viele Haltepunkte erneuert und neu errichtet. Ein großer Teil Infrastruktur blieb jedoch unverändert. Unter dem (stillgelegten) Brückenstellwerk von Neustadt (Weinstraße) ist 2017 eine S 1 nach Osterburken unterwegs.

Von Germersheim nach Baden

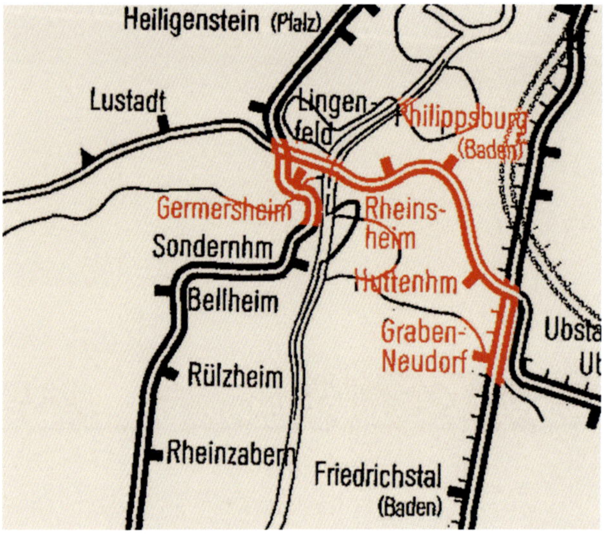

Streckenkarte der Deutschen Bundesbahn von 1985.

1945 wurde die alte Rheinbrücke Germersheim von 1877 beim Rückzug der Wehrmacht gesprengt. Es dauerte bis 1967, bis die neue Brücke in Betrieb ging, da die Deutsche Bundesbahn die Strecke als unwichtig einstufte. Erst durch eine Finanzierungsvereinbarung mit der NATO kam es zum Wiederaufbau. Die Strecke wurde als strategisch wichtig betrachtet. Das Foto zeigt den Eröffnungszug im Bahnhof Germersheim.

Vor der offiziellen Eröffnung gab es Belastungsfahrten, bei denen sensible Messeinrichtungen die Veränderungen bei Belastung dokumentieren. Es ist also keineswegs so, dass befürchtet werden muss, dass die Brücke bei einer Belastungsfahrt einstürzt. Für diese Aufgaben griff die Bundesbahn gerne auch auf Dampfloks zurück.

2016 fehlt der Brücke bereits das zweite Streckengleis, das aus strategischen Gründen nicht mehr benötigt wird. Die Strecke ist elektrifiziert und gehört zum Netz der S-Bahn Rhein-Neckar. Mit der Überquerung des Rheins nach Baden-Württemberg endet unsere Reise durch die Pfalz.

Bildnachweis

Das Buch entstand in enger Zusammenarbeit mit Wolfgang Löckel, der den Großteil der historischen Aufnahmen zusammengetragen hat. Die Aufnahmen aus den Jahren 2005 bis 2022 stammen vom Autor. Darüber hinaus haben folgende Bildautoren ihre Archive geöffnet und Aufnahmen beigesteuert:

Seite 2: Birger Eberhardt;
Seite 4: Werner Brutzer;
Seite 5: Helmut Röth;
Seite 7: Sammlung Wolfgang Löckel;
Seite 11 oben: Joachim Schmidt;
Seite 11 unten: Sammlung Wolfgang Löckel;
Seite 13 oben und unten: Bernd Boerboom;
Seite 15, 23: Sammlung Wolfgang Löckel;
Seite 25: Helmut Röth;
Seite 50, 52, 59: Wolfgang Löckel;
Seite 61: Carl Bellingrodt, Slg. VGB;
Seite 62: Sammlung Korbinian Fleischer;
Seite 63, 66 und 68 oben: Wolfgang Löckel;
Seite 68 unten: Wolfgang Feuerhelm;
Seite 71: Wolfgang Löckel;
Seite 73: Adolf Dormann, Slg. Wolfgang Löckel;
Seite 76: Helmut Röth;
Seite 77 oben, 78, 79, 84 und 85 unten: Wolfgang Löckel;
Seite 85 oben: Sammlung Wolfgang Löckel;
Seite 86/87 und 88: Wolfgang Löckel;
Seite 89: Harald Dinges;
Seite 95, 97 und 99: Helmut Röth;
Seite 103: Adolf Dormann, Slg. Wolfgang Löckel;
Seite 105 oben und unten, 109: Helmut Röth;
Seite 113: Marco Wagner;
Seite 114/115: Sammlung Wolfgang Löckel;
Seite 118: Gerhard Greß;
Seite 119, Einband hinten: Wolfgang Löckel.

Zeichenerklärung

- Halt
- Regional-Express/Regionalbahn
- S-Bahn RheinNeckar
- Anschlussverkehr
- Landesgrenze

Verkehrsverbünde

- Verkehrsverbund Rhein-Sieg (VRS)
- Verkehrsverbund Rhein-Mosel (VRM)
- Verkehrsverbund Region Trier (VRT)
- Rhein-Main Verkehrsverbund (RMV)
- Rhein-Nahe Nahverkehrsverbund (RNN)
- Saarländischer Verkehrsverbund (saarVV)
- Verkehrsverbund Rhein-Neckar (VRN)
- Karlsruher Verkehrsverbund (KVV)
- Verkehrsgemeinschaft Westfalen Süd (VGWS)
- Verkehrsgebiet, in dem auch die Tarife angrenzender Verkehrsverbünde gelten
- Verkehrsgebiet, in dem die Tarife mehrerer Verkehrsverbünde gelten